U0869742

高新技术科普丛书（第3辑）

经天纬地绘新图

——空间地理信息技术及其在智慧城市的应用

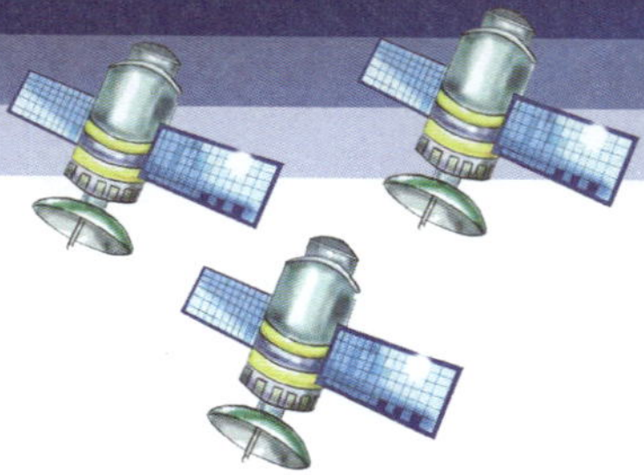

主编　岳　浩

SPM 南方出版传媒
广东科技出版社｜全国优秀出版社
·广　州·

图书在版编目（CIP）数据

经天纬地绘新图：空间地理信息技术及其在智慧城市的应用 / 岳浩主编．—广州：广东科技出版社，2015.7（2022.11 重印）

（高新技术科普丛书．第 3 辑）

ISBN 978-7-5359-6074-0

Ⅰ．①经… Ⅱ．①岳… Ⅲ．①地理信息系统—应用—现代化城市—城市建设—普及读物 Ⅳ．① C912.81-49

中国版本图书馆 CIP 数据核字（2015）第 051024 号

经天纬地绘新图——空间地理信息技术及其在智慧城市的应用
Jingtianweidi Huixintu——Kongjiandili Xinxijishu Jiqi zai Zhihuichengshi de Yingyong

丛书策划：崔坚志
责任编辑：尉义明
装帧设计：柳国雄
责任校对：罗美玲
责任印制：彭海波
出版发行：广东科技出版社
（广州市环市东路水荫路 11 号 邮政编码：510075）
销售热线：020-37607413
http://www.gdstp.com.cn
E-mail：gdkjbw@nfcb.com.cn（总编办）
经　　销：广东新华发行集团股份有限公司
印　　刷：广州市东盛彩印有限公司
（广州市增城区新塘镇太平洋工业区十路 2 号 邮政编码：510700）
规　　格：889mm×1 194mm 1/32 印张 5 字数 120 千
版　　次：2015 年 7 月第 1 版
2022 年 11 月第 4 次印刷
定　　价：33.00 元

如发现因印装质量问题影响阅读，请与承印厂联系调换。

《高新技术科普丛书》（第3辑）编委会

顾　问：王　东　钟南山　张景中

主　任：马正勇　周兆炎

副主任：马　曙　梁加宁

编　委：汤少明　刘板盛　王甲东　区益善

吴伯衡　陈发传　钟　斌　林晓燕

朱延彬　陈继跃　李振坤　姚国成

许家强　区穗陶　翟　兵　潘敏强

汪华侨　张振弘　黄颖黔　陈典松

汪疆平　冯　健　冯　广　吴龙照

沈海红　岳　浩　胡建国

本套丛书的创作和出版由广州市科技创新委员会、广州市科技进步基金会资助，由广东省科普作家协会组织审阅。

序一

PREFACE

精彩绝伦的广州亚运会开幕式，流光溢彩、美轮美奂的广州灯光夜景，令广州一夜成名，也充分展示了广州在高新技术发展中取得的成就。这种高新科技与艺术的完美结合，在受到世界各国传媒和亚运会来宾的热烈赞扬的同时，也使广州人民倍感自豪，并唤起了公众科技创新的意识和对科技创新的关注。

广州，这座南中国最具活力的现代化城市，诞生了中国第一家免费电子邮局；拥有全国城市中位列第一的网民数量；广州的装备制造、生物医药、电子信息等高新技术产业发展迅猛。将这些高新技术知识普及给公众，以提高公众的科学素养，具有现实和深远的意义，也是我们科学工作者责无旁贷的历史使命。为此，广州市科技创新委员会与广州市科技进步基金会资助推出《高新技术科普丛书》。这又是广州一件有重大意义的科普盛事，这将为人们提供打开科学大门、了解高新技术的“金钥匙”。

丛书内容包括生物医学、电子信息以及新能源、新材料等三大板块，有《量体裁药不是梦——从基因到个体化用药》《网事真不如烟——互联网的现在与未来》《上天入地觅“新能”——新能源和可再生能源》《探“显”之旅——近代平板显示技术》《七彩霓裳新光源——LED与现代生活》以及关于干细胞、生物导弹、分子诊断、基因药物、软件、物联网、数字家庭、新材料、电动汽车等多方面的图书。

我长期从事医学科研和临床医学工作，深深了解生物医学对于今后医学发展的划时代意义，深知医学是与人文科学联系最密切的一门学科。因此，在宣传高新科技知识的同时，要注意与人文思想相结合。传播科学知识，不能视为单纯的自然科学，必须融汇人文科学的知识。这些科普图书正是秉持这样的理念，把人文科学融汇于全书的字里行间，让读者爱不释手。

丛书采用了吸收新闻元素、流行元素并予以创新的写法，充分体现了海纳百川、兼收并蓄的岭南文化特色。并按照当今“读图时代”的理念，加插了大量故事化、生活化的生动活泼的插图，把复杂的科技原理变成浅显易懂的图解，使整套丛书集科学性、通俗性、趣味性、艺术性于一体，美不胜收。

我一向认为，科技知识深奥广博，又与千家万户息息相关。因此科普工作与科研工作一样重要，唯有用科研的精神和态度来对待科普创作，才有可能出精品。用准确生动、深入浅出的形式，把深奥的科技知识和精邃的科学方法向大众传播，使大众读得懂、喜欢读，并有所感悟，这是我本人多年来一直最想做的事情之一。

我欣喜地看到，广东省科普作家协会的专家们与来自广州地区研发单位的作者们一道，在这方面成功地开创了一条科普创作新路。我衷心祝愿广州市的科普工作和科普创作不断取得更大的成就！

中国工程院院士 钟南山

序二
PREFACE

让高新科学技术星火燎原

21 世纪第二个十年伊始，广州就迎来喜事连连。广州亚运会成功举办，这是亚洲体育界的盛事；《高新技术科普丛书》面世，这是广州科普界的喜事。

改革开放 30 多年来，广州在经济、科技、文化等各方面都取得了惊人的飞跃发展，城市面貌也变得越来越美。手机、电脑、互联网、液晶电视大屏幕、风光互补路灯等高新技术产品遍布广州，让广大人民群众的生活变得越来越美好，学习和工作越来越方便；同时，也激发了人们，特别是青少年对科学的向往和对高新技术的好奇心。所有这些都使广州形成了关注科技进步的社会氛围。

然而，如果仅限于以上对高新技术产品的感性认识，那还是远远不够的。广州要在 21 世纪继续保持和发挥全国领先的作用，最重要的是要培养出在科学领域敢于突破、敢于独创的领军人才，以及在高新技术研究开发领域勇于创新的尖端人才。

那么，怎样才能培养出拔尖的优秀人才呢？我想，著名科学家爱因斯坦在他的“自传”里写的一段话就很有启发意义：“在 12 ~ 16 岁的时候，我熟悉了基础数学，包括微积分原理。这时，我幸运地接触到一些书，它们在逻辑严密性方面并不太严格，但是能够简单明了地突出基本思想。”他还明确地点出了其中的一本书：“我还幸运地从一部卓越的通俗读物（伯恩斯坦的《自然科学通俗读本》）中知道了整个自然领域里的主要成果和方法，这部著作几乎完全局限于定性的叙述，这是一部我聚精会神地阅读了的著作。”——实际上，除了爱因斯坦以外，有许多著名科学家（以至社会科学家、文学家等），也都曾满怀感激地回忆过令他们的人生轨迹指向杰出和伟大的科普图书。

由此可见，广州市科技创新委员会与广州市科技进步基金会，联袂组织奋斗在科研与开发一线的科技人员创作本专业的科普图书，并邀请广东科普作家指导创作，这对广州今后的科技创新和人才培养，是一件具有深远战略意义的大事。

这套丛书的内容涵盖电子信息、新能源、新材料以及生物医学等领域，这些学科及其产业，都是近年来广州重点发展并取得较大成就的高新科技亮点。因此这套丛书不仅将普及科学知识，宣传广州高新技术研究和开发的成就，同时也将激励科技人员去抢占更高的科技制高点，为广州今后的科技、经济、社会全面发展作出更大贡献，并进一步推动广州的科技普及和科普创作事业发展，在全社会营造出有利于科技创新的良好氛围，促进优秀科技人才的茁壮成长，为广州在 21 世纪再创高科技辉煌打下坚实的基础！

中国科学院院士

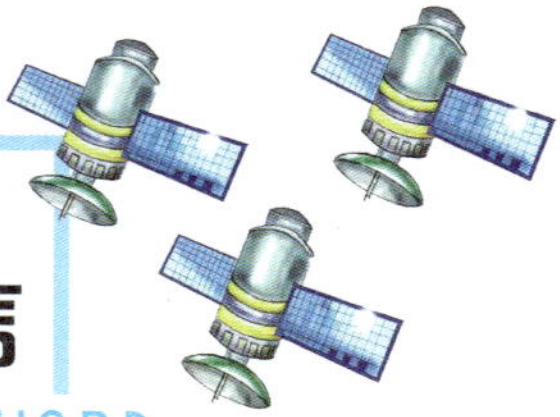

前言

FOREWORD

在人类的生产和生活中，有80%的信息直接或间接地与空间地理信息有关。虽然我们时时刻刻都在接触或使用空间地理信息，但是可能由于常常接触和使用反而常常被忽略。就像我们每时每刻都在呼吸那样，当空气中的氧气含量减少到一定的程度，我们才发现氧气对我们是如此的重要，须臾不可或缺。同样，在熟悉的环境，空间地理信息已经在我们的大脑底层生根，我们随时可以调用，一旦处于一个陌生的环境，我们就会意识到空间地理信息的重要性。

空间地理信息的获取与利用几乎随着人类的历史发展而发展。在远古时代，弱小的人类需要在残酷的大自然中求生存，勇士们不畏艰险在原始森林进行探索，寻找食物和水源。这些用鲜血甚至生命得到的空间地理信息一开始靠着口头相授来传播着。聪明的人类发明了结绳记事，空间地理信息的保存和使用有了新的发展。文字的出现，为记录空间地理信息提供了极大的便利条件。地图的出现，让人类表达现实世界的方法产生了重大的变化，空间地理信息的表达逐渐由文字语言的描述转向地图语言的描述。随着社会经济的发展，人们对空间地理信息的要求更高，传统的地图已经满足不了需要。计算机技术的诞生、遥感技术的迅速发展、古老的测绘技术焕然一新，在这样的背景下，出现了地理信息系统。

人类获取与利用空间地理信息迈向全新的境界，空间地理信息表达的主要形式也从地图纸媒全面转向数字媒体。

信息是社会发展的战略性资源，空间地理信息是信息的一种，更是基础性的信息。一直以来，国家都非常重视空间地理信息的发展。2014年1月22日，国务院办公厅发布了《关于促进地理信息产业发展的意见》，国家测绘地理信息局随之连续出台配套政策措施。2014年3月6日，国家测绘地理信息局印发《关于北斗卫星导航系统推广应用的若干意见》。这些政策的出台大大促进了中国空间地理信息事业的发展。

本书参考大量空间地理信息的相关资料，力求深入浅出介绍空间地理信息方方面面。全书分为六个部分：第一部分介绍空间地理信息技术的来龙去脉，第二部分介绍空间导航与定位技术，第三部分介绍空间地理数据的获取，第四部分介绍空间地理信息的开发利用，第五部分介绍应用空间地理信息促进智慧城市建设，第六部分介绍地理信息产业的发展。

本书由广州市空间地理信息与物联网促进会牵头，组织空间地理信息领域的专家，广泛征集书稿创意和资料，再交由主编和作者斟酌成书。书中难免有不足甚至错误之处，欢迎广大同行、读者批评指正。

目录
CONTENTS

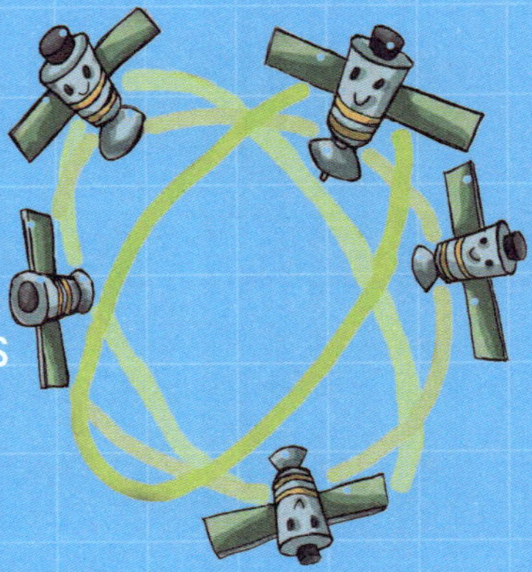

一 空间地理信息技术的来龙去脉

二 空间导航与定位技术

三 空间地理数据的获取

四 空间地理信息的开发利用

六 地理信息产业的发展

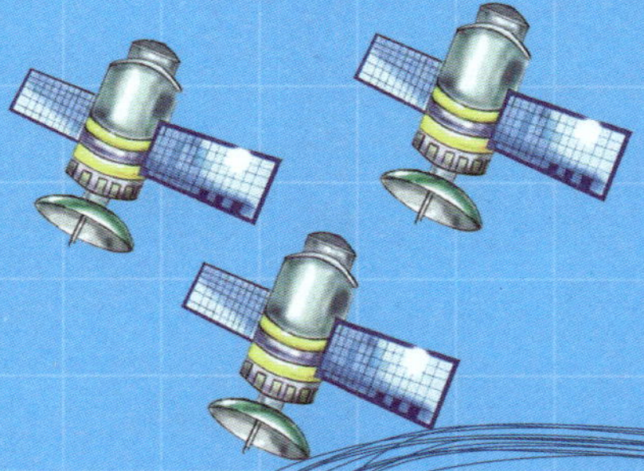

一　空间地理信息技术的来龙去脉

2014年3月8日凌晨2:40，马来西亚航空公司所属一架载有239人的波音777-200飞机与航空管制中心失去联系。该飞机航班号为MH370，原定由吉隆坡飞往北京，计划于3月8日早上6:30抵达北京。

得知马航班机失联消息后，国家测绘地理信息局集纳汇总各方信息，立刻启动应急测绘保障预案，组织国家基础地理信息中心等相关部门的技术人员利用全球海量数据等资料，快速编绘制作《马航客机失联区域图》及《马航客机失联区域影像图》等4幅专题地图。

在随后的搜救过程中，参与的国家超过 25 个，多国的卫星也参与了搜救，各种的分析纷纷出现。遗憾的是，在 3 月 24 日晚上 22：00，马来西亚总理纳吉布在吉隆坡宣布 MH370 航班的最后地点是南印度洋。

寻找 MH370 的行动持续进行，在信息化高度发达的今天，我们可以快速地制作专题地图，可以调用卫星观察地球的每一个角落。但我们要在茫茫大海寻找一架在人们眼中是庞然大物的飞机仍然显得无能为力，原因之一就是搜救人员无法确定飞机所在的位置及其空间地理信息。

1 何为空间地理信息

无处不在的空间地理信息

小强是一位小伙子，大学毕业后工作了 2 年，突然有一天他辞职去“万里长征”了。其实这也不算突然，小强出生在农村，从小就在村里面到处乱跑，可谓踏遍村里的山山水水。在小学的时候，通过老师的教导和书本上的描述，小强便对祖国的大好河山有了一个朦胧的印象。随着年龄的增长，小强渐渐地产生了周游全国的想法。

虽然有着这样的愿望，但小强不忍心花父母的“血汗钱”来完成，所以他一直藏在心底没有说出来。迈出大学校门以后，小强在一家企业工作了 2 年，积攒了一些积蓄，也学到了很多为人处世的道理。此时，他心底的那个周游全国的想法已经不可遏制了。再三思量，小强决定付诸行动，辞去工作，揣着最后一份工资踏上了旅程。小强希望用一路免费搭乘的方式，寻找一种不建立在金钱之上的帮助，体会陌生人之间的信任和友善，感受人性的温暖和美好，这种方式也就是网上流传的“穷游”。

整整花费 1 年的时间，小强历经辽宁、北京、河北、山西、陕西、四川、重庆、湖南、广西、广东、江西、安徽、浙江、江苏、河南、天津，最后再经辽宁返回长春，总行程 11 000 多千米。在旅途中，小强经过繁华的大都市，走过一条条的乡村小路，一次又一次跟陌生人打交道。他体会着不同的自然风光、山水地貌、道路城墙、宫殿庙宇、生活方式、繁华街市。他在周游的过程中体验着自然与人文、历史与现实的交相辉映，这些都是空间地理信息，时时刻刻呈现在我们的眼前，但也常常被忽略。

也许我们也像小强那样怀着周游全国甚至全世界的想法，也许这样的想法已经付诸实施，也许依然是一个梦想。试想一下，走出都市，在广袤的山川田野上，人们栽培种植、

游牧放养、狩猎捕鱼、开山修路、采掘开矿等。人们期盼风调雨顺、了解水利土地、知晓寒暑更替、探查资源分布……虽然这些未必直接呈现在你的眼前，但这确确实实是空间地理信息，须臾不可或缺。

现在我们来总结一下什么是空间地理信息。空间地理信

息可以拆分成三个词，分别是空间、地理、信息。空间是物质存在的一种客观形式，由长度、宽度、高度表现出来；地理是一门研究地球表面的地理环境中各种自然现象和人文现象，以及它们之间相互关系的学科；信息则是客观世界各种事物变化和特征的反映。

空间地理信息是信息的一种，以文字、数字、符号、语言、图像等介质来表示有关地理实体的性质、特征和运动状态的表征。空间地理信息一般由空间地理数据加工而成，空间地理数据则通过各种技术来获取。

空间地理信息面面观

了解了空间地理信息的含义，再来看看我们赖以生存的地球空间有些什么样的空间地理信息。为了方便描述，我们按离地球中心的距离，由近到远把地球空间分成 6 个部分：

地球内部、海洋、地下空间、地表、天空、太空。

（1）地球内部

地球内部是指人们看不见的那一部分，如坚实的大地、深埋的矿产等。地球内部大致可以分为三大圈层：地壳、地幔和地核。依目前的科技水平，人们对地球内部的信息大多知之不详，主要集中在地震和地质的研究，开发利用的程度比较低。

（2）海洋

海洋是“海”和“洋”的总称。通常人们将占地球很大面积的咸水水域称为“洋”，大陆边缘的水域被称为“海”。据测量，地球 71% 的面积被海洋覆盖，是个名副其实的“大水球”。海洋的空间地理信息非常丰富，如海陆相对位置、海洋空间布局、洋流运动信息、海洋生物信息等。目前人类对海洋的探索还远远不足，所获取的空间地理信息还十分有限。世界各国纷纷加强海洋的探索，提高海洋空间地理信息的获取能力。

（3）地下空间

地下空间是指在地表以下开发建设的各种各样建筑。近些年，随着城市的高速发展，地下空间发展日新月异。地铁、地下步行道、地下商场、地下停车场，还有防空工程、矿井，还有地下通信设施、水管、煤气管、排水系统、排污系统。地下空间的高速发展同时也带来一系列问题，迫切需要准确、详尽地获取地下空间的地理信息，利用空间地理信息对地下空间进行规划、优化、管理和监控。

（4）地表

地表就是地球表面，也叫陆地。虽然陆地仅占地球表面积的 29%，但却是人类赖以生存的环境。目前我们获取、开发利用的空间地理信息主要也是集中在地表，并且诞生了许多学科，比如地理学、生物学、土壤学。地理学又把其分成自然地理、人文地理、经济地理、城市地理等，这些都是典型的空间地理信息。

（5）天空

天空是我们平常的说法，学术上称地球大气层，又称大气圈。大气层是指地表以上、太空以内的一个由气体构成的空间。这里面涉及一个问题，地球是一个球体，但是地球不像鸡蛋那样有着一层外壳，那究竟哪里是属于地球的呢。为了解决这个问题，科学家们将位于海拔 100 千米处用来作为外太空与地球大气层的界线，这条线以科学家西奥多 · 冯 · 卡门命名，也叫卡门线。大气层的空间地理信

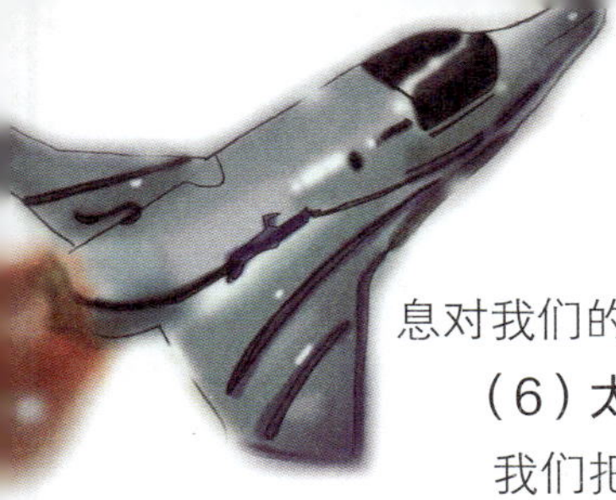

息对我们的生活影响很大，我们最常用的便是天气预报。

（6）太空

我们把地球大气层以外的宇宙空间统称为太空。从严格的科学观点来说，空气空间和外层空间没有明确的界限，而是逐渐融合的。因为大气随着海拔增加而逐渐变稀薄。假设大气层温度固定，大气压强会由海平面的 101.325 千帕，随着高度增加而呈指数化减少至零为止。太空的空间地理信息同样丰富，20 世纪中叶以来，得益于航天科技的迅猛发展，人类对太空的研究探索成就斐然。

2 空间地理信息技术

中国地理信息技术的形成和发展

中国古代的地理认识，其实从上古时期就已萌生。现代考古发现，上古时期的原始氏族村落遗址常位于河流转弯或两河交汇处。比如位于陕西省西安市东郊灞桥区浐河东岸的西安半坡遗址（距今约 6 000 年，1952 年发现，1954—1957 年发掘）就位于渭河支流浐河的边上，从遗址建筑的设计可以看出当时的原始人已经了解日照、风寒、方向等空间地理信息。

相传距今约 4 000 年前，黄河流域洪水为患，尧命鲧负责领导与组织治水工作。当时生产力比较低下，鲧做事直来直去，采取简单的“水来土掩”的方法来治水，结果招致失败。

鲧治水失败后，其独子禹主持治水大任。禹接受任务后，认真分析总结父亲治水失败的教训，然后带着尺、绳等测量工具到各地的主要山脉、河流进行周密的测量，其实就是原始的空间地理信息获取过程。在获取信息的过程中，他发现龙门山口非常狭窄，洪水来的时候难以通过；他还发现黄河存在淤积，导致水流缓慢。在获取了这些空间地理信息后，禹经过分析，决定疏通河道、拓宽峡口、让洪水能更快地通过，结果大获成功，至今他的治水故事仍然广为流传。这是我国古代典型的空间地理信息获取、处理、利用的例子。

春秋战国时期，是一个“百花齐放、百家争鸣”的年代。这一时期出现了两部著名的地理名著，那就是《山海经》和《尚书 · 禹贡》。《山海经》中《山经》是我国最早的自然地

理著作，约 2.2 万字，分东南西北中五部，共五卷，故又称《五藏山经》。《山经》以山为纲，总共记载 447 座山，对每一座山都记述位置、水系、动植物和矿产资源。《尚书 · 禹贡》仅用 1 193 字就概述了当时中国地理上的重要内容。书中以山、河、海为标志，将当时的中原划为九州，各州分叙其山川、湖泊、物产、贡赋、交通等情况，区分各州土壤颜色、肥力及田赋等级，这是我国先秦时期空间地理信息的典范之作。

公元前 221 年，秦灭六国，一统天下。从秦统一天下至 1840 年鸦片战争的 2 000 多年间，中国基本上是一个中央集权的封建统一国家，中国古代政治、经济、文化持续稳定发展。在中国古代先贤们的努力下，中国特色的古代地理学逐渐形成，稳步发展。

东汉时期，班固（32—92 年）著的《汉书 · 地理志》是中国第一部疆域地理志，同时标志着中国传统地理学的形成。到了三国时期，出现了中国第一部专记水道的著作《水经》。它记录 137 条河流，大大丰富了中国水系分布的知识，但内容过于简略。后来，北魏郦道元把实地考察的所见所得和前人著作中的大量有关记载汇集起来，完成了地理学巨著《水经注》。书中记述了 1 252 条河流水道，详细叙述每条河流的源流、脉络、流经地区的地理情况及其历史事迹等等，此书至今仍具有极高的科学价值和史料价值。

明朝以后，中国城乡商品经济迅猛发展，商品流通极为发达，思想文化环境较为自由宽松，一些研究地理的学者开始重视“经世致用”，自觉深入实地进行考察研究，开启了中国地理学实地考察、研究自然规律的新方向。人们熟知的徐霞客便是其中的代表人物。

历史人物 徐霞客与《徐霞客游记》

徐霞客（1586—1641 年），名弘祖，字振之，号霞客，江苏江阴人，明代地理学家、旅行家和文学家。徐霞客幼年好学，尤钟情于方舆图志，立下“大丈夫当朝碧海而暮苍梧”的宏图大志。他的壮游生涯连绵不断三十多年，历尽千辛万苦，先后游历了相当于今江苏、安徽、浙江、山东、河北、河南、山西、陕西、福建、江西、湖北、湖南、广东、广西、贵州、云南等 16 个省区。东到今浙江的普陀山，西到云南的腾冲，南到广西南宁一带，北至河北蓟县的盘山，足迹遍及大半个中国。

徐霞客在壮游的期间，无论多么疲劳都坚持把自己的收获记录下来。据说写下的游记有 240 万字，可惜大多失散了，遗留下来的约有 60 万字。后人整理著名的《徐霞客游记》，被称为是把科学和文学融合在一起的一大“奇书”。《徐霞客游记》开辟了地理学上系统观察自然、描述自然的新方向；既是系统考察祖国地貌地质的地理名著，又是描绘华夏风景资源的旅游巨篇，还是文字优美的文学佳作，在国内外具有深远的影响。

1708 年，清朝皇帝康熙主持全国性的大规模地图测绘，即《皇舆全览图》的测制。他任命白晋、雷孝思、杜德美等人率领测绘人员实施此项工程，历经 10 年完成中国第一部实测的全国地图。此图采用经纬差各一度的梯形经纬网格，详细地表示了地形、水系、居民地间的相对关系及其汉字名称，并在边疆地区加注满文。该图于 1717 年成图，比例尺为 1∶40 万，具有较高的精度，1719 年又制成 41 幅尺寸为 52.5 厘米 ×77 厘米的铜版地图，现藏于北京图书馆。

鸦片战争（1840—1842 年）之后，中国富国强兵的呼声日益高涨，开始全面学习西方的先进科学技术，魏源的《海国图志》和徐继畬的《瀛寰志略》等都是立足本土、汇聚中西的地理著作，已经超越了中国古代地理学范畴。

回顾历史，可以发现，在古代社会获取空间地理信息是相当困难的，所获取的空间地理信息大多是零星的、不连续的。不过即使是这样，古人在获取空间地理信息方面也取得了不小的成就，同时在应用方面也有着不少的成就。这些成就至今仍然深刻地影响着我们的生产和生活。

中国是一个典型的农业社会，农业可以说是“靠天吃饭”。所以，古代的中国人很早就注意到气候的变化。

在殷朝就已经有了逐日的天气状况记录，现存的甲骨文中就保存了公元前 1271 年（殷朝文丁六年）3 月 20 至 29 日的气象记录。从文字的记载来看，当时人们已经认识到晴、阴、云、雨、雪、风等多种的天气情况。《诗经 · 豳风 · 七月》记有蟋蟀活动、蝉叫、稻熟、草木落叶等典型物候现象；《夏小正》载有全年各月的物候和农事活动。

到了战国时期，出现了系统完整的二十四节气划分，虽然节气变动是太阳年周运动所致，但二十四节气命名和时序编排体现了中原地区的气候、物候和农作特征，对农业生产极具指导意义，是古代对空间地理信息的集成和开发利用的杰出范例。

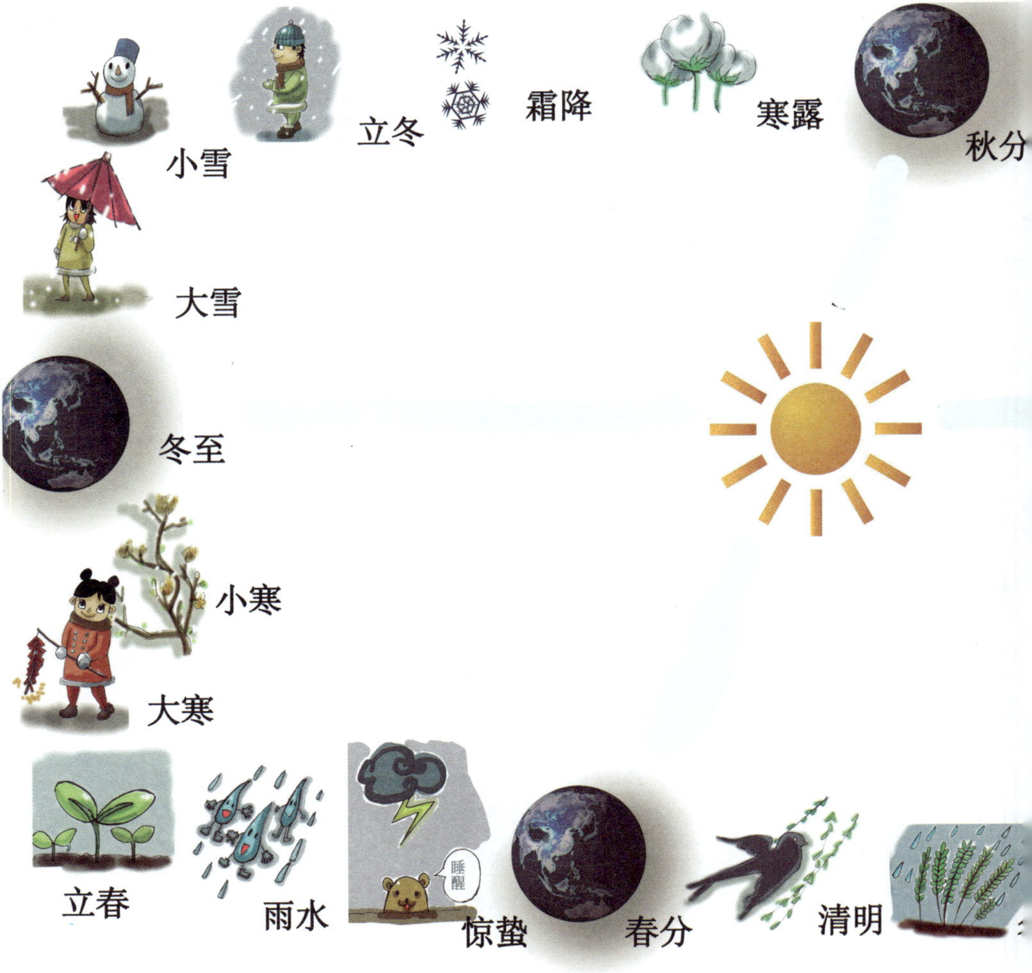

地理信息系统的诞生和发展

地理信息系统（Geographic Information System, GIS）萌生于20世纪60年代，经过40年的发展，已成为一门成熟的学科体系。这也代表着空间地理信息的开发利用进入一个全新的阶段，实现从地图语言到数字语言的跨越。

20世纪50年代末，计算机出现以后，很快被应用于空间数据的存储与处理，并首次在土地规划、自然资源管理等领域发挥作用。在此基础上，1963年出现了世界上第一个地理信息系统——加拿大地理信息系统，该系统由加拿大科学家汤姆林森创建，他也被誉为地理信息系统之父。

1966—1969年，美国先后成立城市与区域信息系统协会、国际地理联合会等机构，对地理信息系统技术的发展起了重要指导作用。

20世纪70年代，随着大容量直接存储设备——磁盘的推出，地理信息系统在自然资源和环境数据处理中的应用迅速发展，美国、加拿大、日本等国家先后研发出自己的地理信息系统，商用地理信息系统软件也开始活跃。

20 世纪 90 年代，随着地理信息系统应用领域的不断扩大和应用水平的不断提高，全球性的地理信息系统受到政府部门的关注。美国前副总统戈尔提出“数字地球”，要实现国家信息化，带动地球科学、信息科学、空间科学的发展。

进入 21 世纪，地理信息系统已经走进千家万户，地理信息系统与互联网结合，实现了海量空间信息的共享与利用。地理信息系统与位置信息、移动通信结合，开创了基于位置服务的新时代。

延伸阅读

数字地球

1998年1月，在加利福尼亚科学中心开幕典礼上，美国前副总统戈尔发表题为《数字地球：认识21世纪我们所居住的星球》的演讲，他提出的一个与地理信息系统、网络、虚拟现实等高新技术密切相关的概念。

数字地球，指用数字化的方法来处理整个地球的自然和社会活动诸方面的问题，最大限度地利用资源，并使普通百姓能够通过一定方式方便地获得他们所想了解的有关地球的信息，其特点是嵌入海量地理数据，实现多分辨率、三维地对地球的描述。即“虚拟地球”。通俗讲，就是用数字的方法将地球、地球上的活动及整个地球环境的时空变化装入电脑中，实现在网络上的流通，并使之最大限度地为人类生存、可持续发展和日常工作、学习、生活、娱乐等活动所服务。

二　空间导航与定位技术

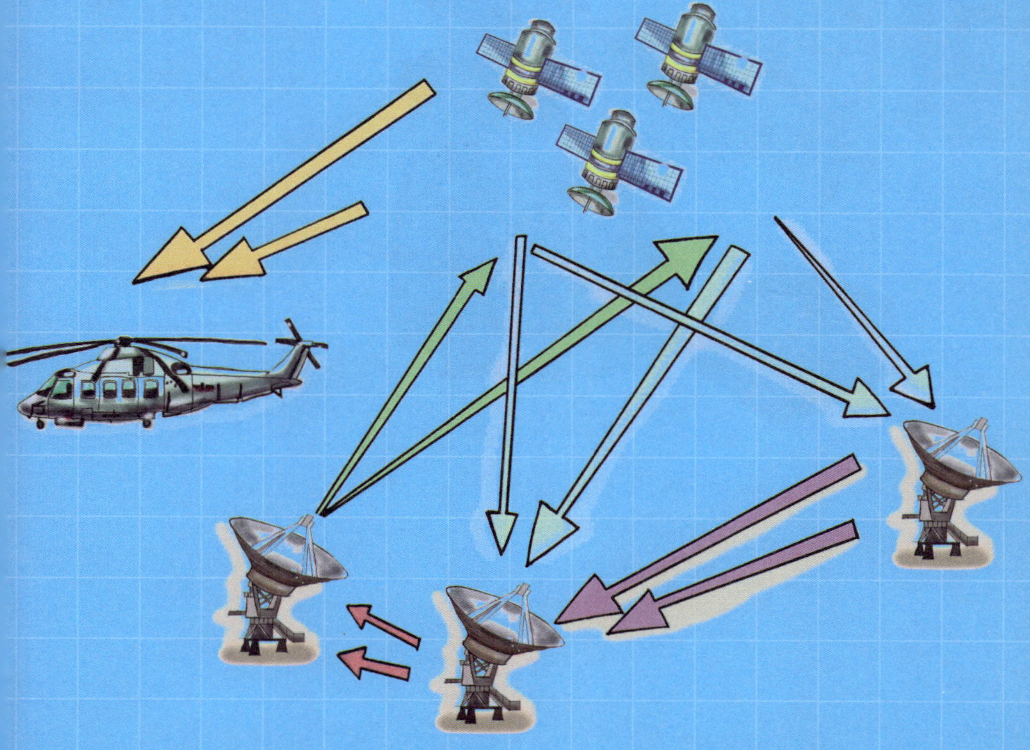

1993年11月的某个周六，对于詹尼弗·库恩的一家人来说简直就是世界末日。在那天，年仅18岁的女孩詹尼弗·库恩在纽约市的某个大型购物中心的停车场内遭到绑架。在绑架者的胁迫下，库恩将车开到一个偏僻的地方，在这过程中她曾与歹徒进行搏斗并拨通了美国的911报警电话。911接线员已经听到3声枪响，911呼救中心虽然知道事态危急，但无法判定案发位置。几天后，警察在一条偏僻的小巷中发现了库恩的尸体。

这起案件在美国引起广泛的关注和讨论，有人认为库恩的死与救援者无法及时追踪手机的位置有关，也引起了人们对在紧急状况下如何发出求救信息的关注。

1996 年，美国通信委员会（FCC）发布了一个行政性命令 E911，强制性要求构建一个公众安全网络。这个网络要求无论在任何时间、任何地点，都可以通过无线信号追踪到用户的位置。

1 空间的导航与定位

令人困惑的导航与定位

小李与小刘从小就是好朋友，毕业几年后小李到了一家汽车 4S 店工作，小刘则成为一名地理教师。在一个炎热的夏天，奋斗了几年的小刘老师终于成为有车一族。有一天，小刘约了小李一起去珠江边夜游，一路上走了点弯路，但在小李的驾驶下，还是顺利地到达了目的地。

两人在江边找了个地方坐下来，看着珠江上游船，吹着江风，一边喝着饮料一边聊了起来。聊了一会，小李想起小刘的车没有装导航仪，于是开始向小刘推荐起来。小刘是个理科生，又是地理老师，对其中的原理比较感兴趣，觉得导航仪所说的各种各样的名词令人困惑。两人便开始讨论起来，突然间小刘提出一系列问题，究竟是先定位还是先导航，导航究竟是天上的卫星还是地图实现的。

两人经过一番讨论，有了这样的结论：先定位，然后才导航；定位信息依赖天上的卫星，导航则依靠导航仪里面的地图和算法。

你在哪里——定位信息告诉你

当你的亲人问起你在哪里工作的时候，你也许会回答在广州；当你跟好友约好在某个地方见面，中途也许会接到好友的电话问到哪里了，你也许会回答在地铁里。这些就是位置信息，这里面的位置信息如在广州、在地铁是建立在两人或多人都熟知的环境中，所以不会出错。比如你跟好友约在广州塔见面，而你的好友知道你是从番禺市桥出发的，你回答在地铁，你的好友就可以根据他的知识得到你的大致位置是在广州地铁三号线里面。如果是不相关的人听到你说在地铁，最多只能知道你在坐地铁，至于是广州的还是上海的地

铁，那就不清楚了；如果是一个连地铁都不知道的人，那则更加无法理解了！

将空间位置的问题放大到整个地球，那应该怎么表达。科学家们想到了各种各样的方法，比较常用的是把地球表面假设了成平面或球体，并设计了各种坐标系。

地理坐标系是我们常常使用的一种坐标系，它就是我们熟悉的经纬线。用地理经纬度可以表示地球表面上任意点的位置了。地理坐标系假设地球是一个椭圆形的球体，这个椭球体的旋转轴是地球的自转轴即地轴，地轴的南端称为南极，北端称为北极；地球表面的点随地球自转会产生的一系列轨迹，这些轨迹中周长最长的圆周线称为赤道。

有了地理坐标系，我们就可以利用它来表示地球表面的空间平面位置了。比如广州塔可以表示为（东经 23.1°，北纬 113.3°）。

有了这样的信息，有时候还不够用，科学家又引入了海拔的概念。海拔是指地面某个地点或者地理事物高出或者低于海平面的垂直距离。广州的平均海拔约为 4.2 米，广州塔高是 600 米，那么通过地理坐标系和海拔基本可以较准确地表达广州塔塔顶的位置了。

现代的各种定位技术提供的位置信息就是这样的地理坐标，如（东经 23.1° ，北纬 113.3° ，海拔 600 米），普通人看到这样的地理坐标只能说定位信息是天书。地理信息系统就很好地解决了这个问题，当输入这个坐标后，地理信息系统便可以查询到这个地理坐标的具体地名，然后返回给用户。用户看到是类似“你的现在位置是在广州市海珠区阅江西路 222 号广州塔”这样的位置信息，而非地理坐标。

怎样去那里——导航是如何实现的

前文的小李和小刘讨论了一番，得出一个结论，先定位再导航。这是怎么理解，其实我们经常会这样去导航。举个例子，从番禺区人民政府到广州市人民政府怎么走，熟悉的人会给你答案，在番禺广场坐地铁三号线到体育西路站转乘地铁一号线公园前站，出站走一段路就到了。在这个例子中，首先确定了出发地是番禺区人民政府，目的地是广州市人民

20 世纪 90 年代，广州人熟悉的“63层”（广东国际大厦）是广州著名的地标性建筑，落成后就发挥了“导航和定位作用”

政府。那导航信息就是这一段话吗？答案是不仅仅如此。这段话只是一个指引，不熟悉这段路程的人也许还会迷路，比如去番禺广场地铁站怎么走，所以导航信息还包括地面的各种指示牌、路牌、地铁的标志、换乘的指引等。

现代的导航定位技术中所说的导航实际上是给出一个速度矢量，即给出速度的大小和方向，地理信息系统根据出发点和目的地就可以通过算法进行规划，最后通过地图和画线的形式呈现在显示屏上，并可以计算出预估的到达时间。

2 “八仙过海”——各种导航定位技术显神通

原始的定位技术

原始的定位技术主要是根据对自然界的测量，以自然界存在的事物或特征为参考进行方向、位置的确定。比如在有河流的地方可以根据河流的走向大致确定位置，白天可以根据太阳的来定位，晚上可以观察月亮和星星来确定位置，有植物的地方可以观察植物的生长状况，有山的地方可以观察山脊的走向，在城市还可以高楼或地标来定位。

从上面的描述来看，原始的导航定位技术主要是依赖于人的感觉和经验，定位精度相当低。也许有人觉得在科技发达的今天已经不需要这样的技术了。实际上，如果大灾难来临，人类一切的科技设备都无法使用后，这些较为原始的技术就显得特别重要了，甚至是生死攸关的大事了。

指南针——中国古代的指向技术

指南针是一种简单的方位判别仪器，又称指北针，据《古矿录》记载最早出现于战国时期的磁山一带。指南针的前身是中国古代四大发明之一的司南。指南针是利用地磁原理来实现导航，地球是个大磁体，其地磁南极在地理北极附近，地磁北极在地理南极附近。指南针在地球的磁场中受磁场力

的作用，所以一端指南、一端指北。

指南针告诉使用者的信息是方位，要实现导航的功能还需要地图。使用者需要知道目的地与出发地的位置关系，在实际的行走过程中，还需要根据实际情况变换方位和修正方位，才能到达目的地。

陀螺的新应用——惯性导航系统

惯性导航系统（Inertial Navigation System，INS）也称作惯性参考系统，是一种不需要依赖于其他外来的辅助装置、也不向外部辐射能量的自主式导航系统。

惯性导航系统属于推算式导航，理论基础是牛顿力学。推算式导航的基本方法是从一个已知点的位置根据连续测得的运动物体（如飞行中的飞机、导弹，行驶中的汽车、轮船，奔跑中的人）航向角和加速度，进而推算出其下一点的位置。这种导航方式需要确定一个已知的位置，然后测量运动中的偏航角和加速度，再通过复杂的积分和迭代推算，最后得到在导航坐标系中的速度、偏航角和位置等信息。

惯性导航系统的基本组成包括陀螺仪和加速度计。使用陀螺仪形成一个导航坐标系，使加速度计的测量轴稳定在该坐标系中，并给出航向和姿态角；加速度计用来测量运动体的加速度，经过对时间的一次积分得到速度，速度再经过对时间的一次积分即可得到距离。

惯性导航系统最早应用于火箭制导，美国火箭先驱罗伯特·戈达尔在“二战”前就试验了早期的陀螺系统，“二战”期间德国人冯布·劳恩改进后应用于 V-2 火箭制导。“二战”后，美国麻省理工学院等研究机构对惯性制导的原理进行深

入研究，从而发展成可以应用于飞机、火箭、航天器、潜艇导航的现代惯性导航系统。

中国的惯性导航技术近些年来已经取得了长足进步，液浮陀螺平台惯性导航系统、动力调谐陀螺四轴平台系统已相继应用于长征系列运载火箭。其他各类小型化的惯性导航，如捷联惯导、光纤陀螺惯导、激光陀螺惯导以及匹配 GPS 修正的惯导装置等也已经大量应用于战术制导武器、飞机、舰艇、运载火箭、宇宙飞船等。

蝙蝠的启示——超声波定位技术

意大利科学家斯帕拉捷有晚饭后散步的习惯。在散步时，他注意到蝙蝠在空中灵活地飞来飞去，但是不会撞到墙壁。这个现象引起了他的好奇，他想蝙蝠凭什么特殊本领在夜空中自由自在地飞行呢?

帕斯拉捷决定做一系列的实验来寻找问题的答案。1793年夏天的一个晴朗夜晚，喧腾热闹的城市渐渐平静下来。帕斯拉捷匆匆吃完饭后走到街头，把笼子里蒙上眼睛的几只蝙蝠放了出来。打开笼子，那几只“瞎子”蝙蝠仍然在空中轻盈敏捷地来回飞翔时，斯帕拉捷不由得尖叫起来。

原来斯帕拉捷认为这些小精灵一定长着一双特别敏锐的眼睛，否则就不可能在黑夜中灵巧地绕过各种各样障碍物，并且敏捷地捕捉飞蛾了。然而事实完全出乎他的意料。斯帕拉捷觉得很奇怪：不用眼睛，蝙蝠凭什么来辨别前方的物体，捕捉灵活的飞蛾?

带着这样的疑问，他把蝙蝠的鼻子堵住再做实验。结果蝙蝠还是能够在空中飞得那么敏捷和轻松。他又想可能是翅膀，捉来几只蝙蝠，用油漆涂满它们的全身再进行实验。然而还是没有影响到蝙蝠的飞行。

斯帕拉捷还是不死心，继续捉蝙蝠来做实验。最后，他终于发现，当堵住蝙蝠耳朵的时候，蝙蝠就没有了先前的“精、气、神”。它们就像无头苍蝇那样在空中东碰西撞，很快就跌落在地。啊！蝙蝠在夜间飞行，捕捉食物，原来是靠听觉来辨别方向、确认目标的！

斯帕拉捷的实验，发现了蝙蝠飞行的秘密，但还没有发现其中的原理。后来很多人进一步思考：蝙蝠的耳朵为什么

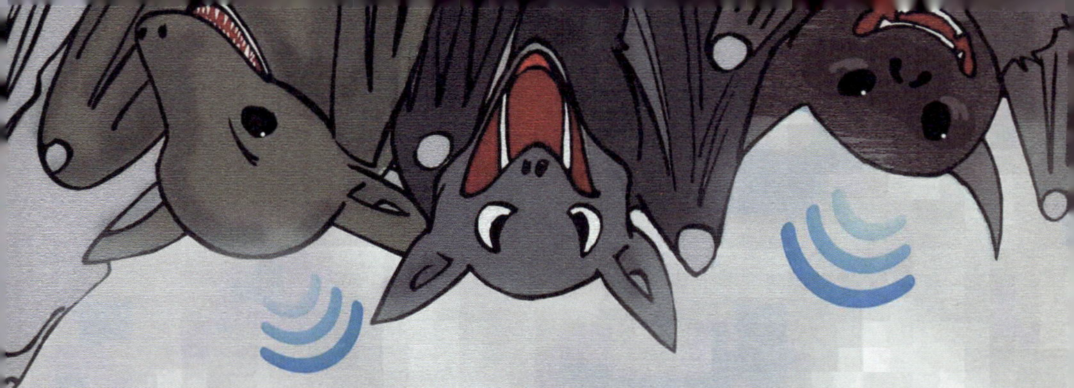

能够“穿透”黑夜，“听”到没有声音的物体呢？人们继续研究，终于弄清了其中的奥秘。原来蝙蝠靠喉咙发出人耳听不见的声波，这种声波沿着直线传播，一碰到物体就像光照到镜子上那样反射回来。蝙蝠的耳朵能够同时接收这种声波，并能迅速地做出判断，实现灵巧、自由地飞翔和捕捉飞蛾。

这种声波被命名为超声波，它是频率高于20 000赫兹的声波，因其频率下限大约等于人的听觉上限而得名。超声波具有方向性好，穿透力强，声能较集中，在水中传播距离远的特点。利用超声波技术进行定位跟蝙蝠飞行的原理一样，超声波发生装置发出超声波，遇到障碍物反射回来，这就得到一个时间差。将这个时间差乘以超声波传播的速度即可得到距离。

现在人们已经利用超声波来为飞机、轮船导航及寻找地下的宝藏。超声波就像一位无声的功臣，广泛地应用于工业、农业、医疗和军事等领域。

雷达定位技术

雷达是英文 Radar 的音译，源于 Radio detection and ranging 的缩写，原意为“无线电探测和测距”，即用无线电的方法发现目标并测定它们的空间位置。因此，雷达也是无线电定位的一种方法。雷达发射电磁波对目标进行照射并接收其回波，由此获得目标至电磁波发射点的距离、距离变化率、方位、高度等信息。

雷达定位主要测量目标的两个信息：一个是距离信息，通过测量发射信号和目标反射的回波信号之间的时间差，将时间差除以 2，再乘以光速，就可以得到目标到雷达的距离。另一个就是角度信息，是指目标相对雷达而言来自哪个方向，

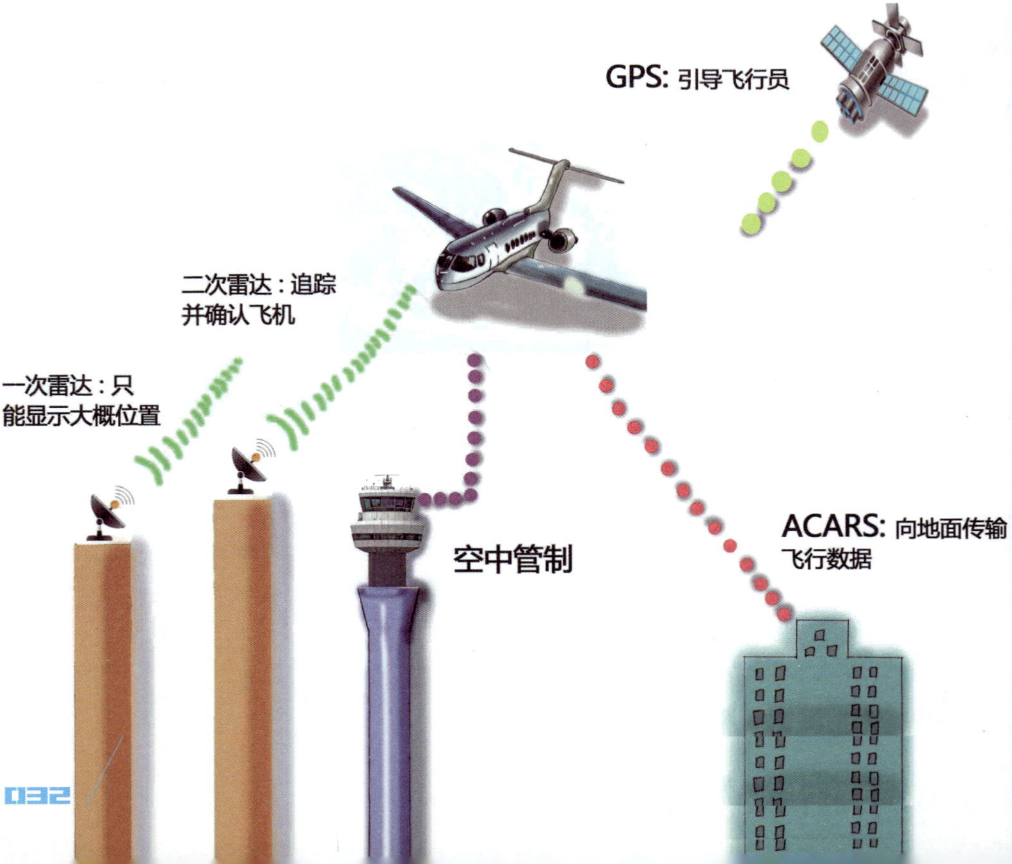

主要测仰角和方位角，这是通过雷达天线的方向性实现的。有了目标相对雷达的距离信息和角度信息，就可以知道目标物体至雷达的距离，距离变化率或径向速度、方位、高度等信息，从而实现定位。

雷达发射的波束像探照灯的光柱一样窄窄的，方向性很强，照到哪个方向就看有没有目标的回波。如果没有回波就换个方向，有的话就记下角度，所以雷达天线在不停地换方向，以实现大空域的探测覆盖，也就是大家熟知的“雷达扫描”。

通信定位技术

前文提到的美国通信委员会颁布的 E911 指令就是对通信定位的要求。这样的要求对于固定电话是非常容易实现的。因为每一个固网电话号码是和一个物理位置相关的，电信运营商在安装固定电话时都会做详细的登记。只要把这些对应关系都搜集到数据库中，就可以根据电话号码查询数据库获得电话号码所属电话所在的位置。如果与 GIS（地理信息系统）结合，还可以把位置显示在地图上。

在移动通信时代，这个问题就比较复杂了。因为根据号码只能确定卡的属地，不能具体确定用户的位置。若手机带 GPS（全球定位系统）功能，则可以通过 GPS 确定自己的位置和导航。

移动通信还有一种叫基站定位的技术，该技术是利用基站对手机的测算距离来确定手机位置的，这种技术不需要手机具有 GPS 定位功能，但是精度很大程度依赖于基站的分布及覆盖范围的大小，误差可能会超过 1 000 米。

3 卫星导航定位技术

领先发展的全球定位系统

1957 年 10 月 4 日，苏联在拜科努尔成功把世界上第一颗人造地球卫星斯普特尼克 1 号送入轨道，从此人类迈进太空时代。当时，世界还处于冷战时期，苏联成功发射人造卫星引来新一轮的军备竞赛。美国霍普金斯应用物理实验室科学家在观测卫星的过程中，意外发现卫星运动引起的多普勒

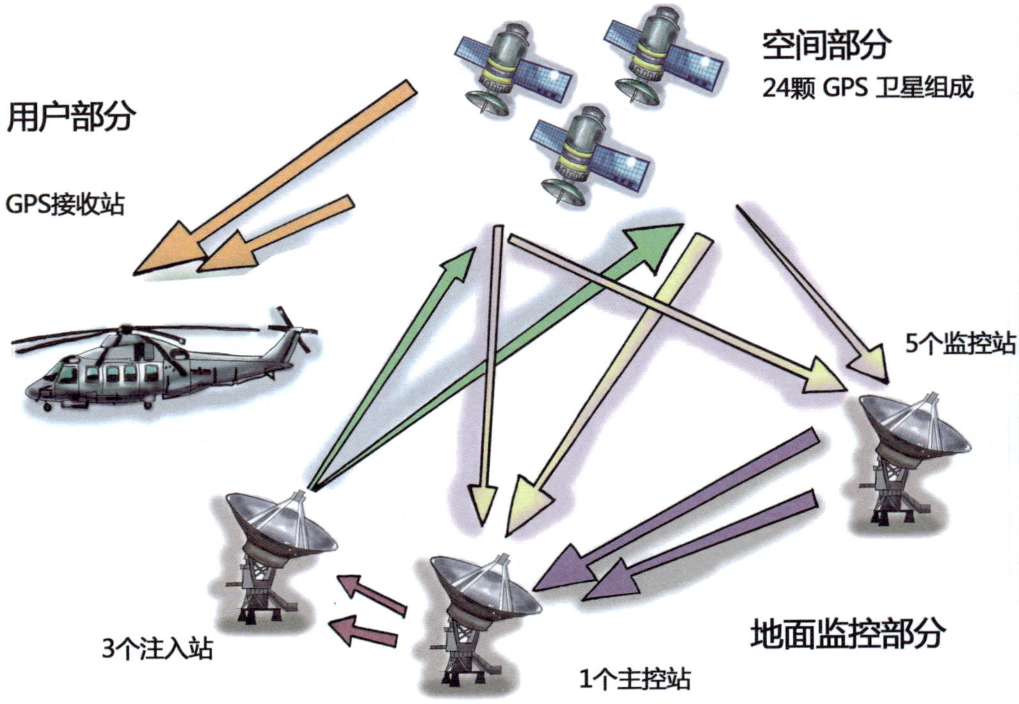

频移效应，于是提出利用卫星实现导航的构想。基于军事的目的，各国的军事部门对如何利用卫星进行定位和导航给予高度的重视。

1958 年底，美国海军计划研制“海军卫星导航系统”，该系统英文全称为 Navy Navigation Satellite System，简称 NNSS。由于该系统所有的卫星轨道都经过地球的南北两极，卫星的运动轨迹刚好与地球的子午线重合，故称“子午仪卫星导航系统”。1964 年，该系统研制成功并交付美国海军使用，最初应用于核潜艇的导航定位，后来逐步应用到各种舰艇的导航定位。1967 年 7 月 29 日，美国政府解密了“子午仪卫星导航系统”的部分导航解码程序，供民间商业应用，主要提供海上定位服务。

随着“子午仪卫星导航系统”的技术不断改善，在海上的各种作业开始使用起这套系统，并逐渐扩展到其他领域。渐渐地，该系统已经不能满足军事和民用的需求，加上系统的先天缺陷。20 世纪 60 年代中期，鉴于“子午仪卫星导航系统”的成功及其缺陷，促使美国海军和空军各自提出新的卫星导航方案，两套方案差异很大并各有优缺点。1973 年美国国防部在这两套方案的基础上，决定发展各军种共同使用的全球定位系统（Global Positioning System，GPS）。1978 年，部分北大西洋公约组织成员和澳大利亚通过双边协议参与了 GPS 发展计划。

整个 GPS 发展计划分 3 个阶段实施。第一阶段是原理、方案的可行性验证。1978—1979 年，完成了 4 颗试验卫星的发射、地面跟踪网的建设、GPS 接收机的研制等工作。第二阶段是系统的研制与试验。1979—1984 年，完成了 11 颗试验卫星的发射、导航编码的设计、各种接收机的研制等，试验证明定位的精度超出设计的标准，证明了 GPS 计划是成功的。第三阶段是工程的发展与完成。1989 年 2 月 4 日，GPS 第一颗工作卫星发射成功，到了 1994 年 3 月 10 日共有 28 颗 GPS 工作卫星在地球的上空运转，全球覆盖率高达 98%。至此，GPS 才初步具备全球定位导航的能力。直到 1995 年 4 月,GPS 具备了全面运转的能力。2000 年 5 月 1 日，美国终止了“选择可用性”GPS 的命令，使得 GPS 定位精度大大提高。

GPS 从 1973 年提出计划到 1994 年建成，中间经过 20 年的研究实验，耗资超过 300 亿美元，是美国政府继阿波罗登月计划、航天计划后第三个庞大的空间项目。它从根本上解决了人类在地球及附近空间的导航定位问题，至今，美国仍然在卫星导航定位方面领先于世界各国。

GPS 由空间系统、地面支撑系统和用户终端 3 个部分组成。空间系统由 21 颗工作卫星和 3 颗备用卫星组成。地面支撑系统由 1 个主控站、3 个注入站和 5 个监测站组成。用户终端即 GPS 接收机，用于接收 GPS 卫星发射信号，以获得必要的导航和定位信息，经数据处理，完成导航和定位工作。

对于普通用户来说，GPS 的空间系统和地面支撑系统离我们比较遥远，普通用户接触最多的还是用户终端——GPS 接收机。由于智能手机的迅速发展和普及，大部分人也许没有意识到我们手上的智能手机就是一部 GPS 接收机。

那么导航定位是如何实现的？现在我们来看一个简单的例子。假设在一个平面空间里有 A、B 两个点，现在想知道这两个点的直线距离，有什么方法可以测量出来？最简单的方法就是拿一把尺来量，这种方法适用于距离比较短如在家里量房子。如果距离比较远呢，比如有 1 000 米，那我们可以采用步行，数数走了多少步，然后与时间相乘就得到距离了，这种方法要求步伐一致并且不能数错。现在假设一下，A、B 两点有一条轨道，有一台可以匀速前进（假设每秒能走 1 米）的小车，车上有一个计时器，从 A 点出发的同时开始计时，到达 B 点停止计时，小车行走了多少秒，A、B 两点的距离就有多少米。当然这只是一种理想的状态，实际上会遇到种种问题，比这样的假设要复杂多了。

利用 GPS 来定位，同样需要计算 GPS 接收机与卫星之间的距离。GPS 工作卫星会每隔一段时间连续发射广播信号，GPS 接收机的基本功能就是接收 GPS 工作卫星的信号。这个接收方式类似于我们熟悉的电视机，我们打开电视机经过调频道就可以接收到电视信号并转换成声音和影像，只不过，GPS 接收机接收到的是 GPS 工作卫星的信号，这个过程也叫作搜星。GPS 工作卫星广播的信号是一种可以供无限用户共享的信息资源，GPS 接收机通过计算 GPS 卫星信号在卫星和接收机之间的往返时间来计算距离。实际上，这是一个相当复杂的过程。

假设有台 GPS 接收机一直开着机，在某天早上的 8:00，GPS 工作卫星开始发送一串信息，这段信息被称为导航电文。当 GPS 接收机接收到这串信息的时间要比 8:00 有稍稍的滞后，这叫作时间延迟。将这个时间乘以信号的传播速度就可以得到信号传送的距离，假如信号是直线传送的，这个计算结果就是 GPS 接收机与 GPS 工作卫星的距离了。

为此，我们需要确认两个变量：一个是时间延迟，另一个则是信号的传播速度。先来看看时间延迟，平时我们一般使用到秒，精确一点使用到百分之一秒就足够了。但对于每秒速度达到 30 万米的光速来说是远远不够的，即使差了百分之一秒，距离就相差了 3 000 米之遥，显示满足不了定位的需求。这就要求对时间的精度非常高，GPS 接收机与 GPS 工作卫星的时间要完全同步，GPS 工作卫星安装了可以精确到纳秒的原子钟，原子钟的价格需要数万美元，这个价格对普通消费者是难以接收的，更加别说集成到手机上了。

小知识：

纳秒

纳秒（英文 nanosecond，缩写 ns）：时间单位。代表 1 秒的 10 亿分之一的时间，即等于 10^{-9} 秒。

1 纳秒 =1 000 皮秒

1 纳秒 =0.001 微秒

1 纳秒 =0.000 001 毫秒

1 纳秒 =0.000 000 001 秒

为了解决这个难题，研究人员提出了一系列的方案。基本的方法是，GPS 工作卫星上仍然使用昂贵原子钟并且保证所有工作卫星上的时间同步，GPS 接收机则使用普通的石英钟，通过接收 4 颗以上的工作卫星信号来进行误差修正。然后 GPS 接收机调整自身的时钟，从而实现与 GPS 工作卫星的原子钟时间同步。

解决了时间的同步问题，再忽略卫星信号的速度误差，就可以很简单地得到 GSP 接收机与工作卫星之间的距离了。

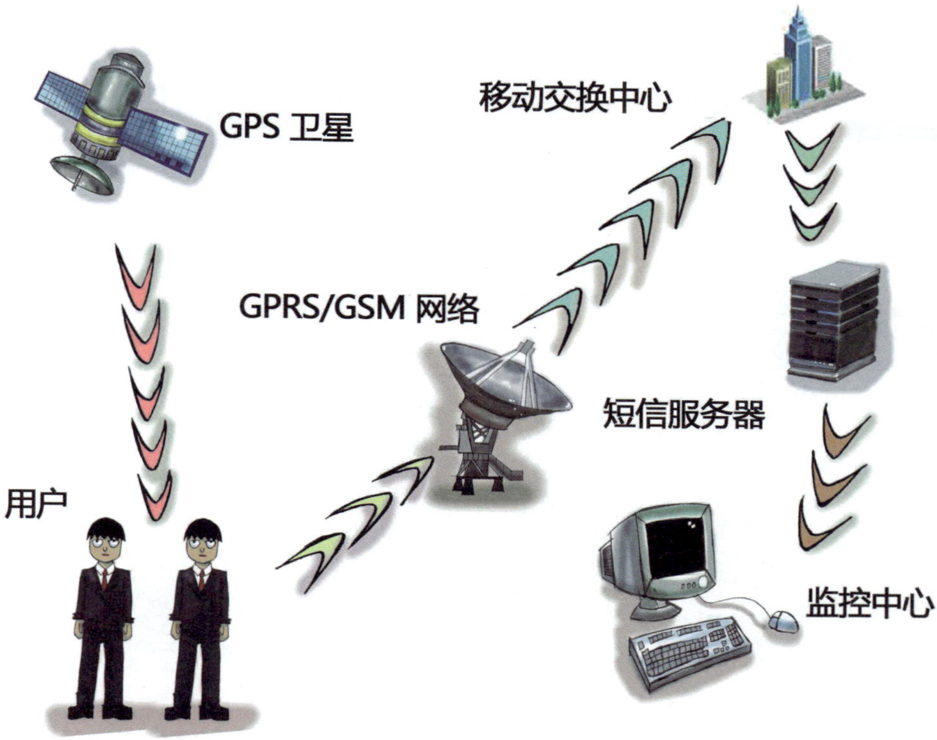

为了确定 GPS 接收机的位置，它还得知道 GPS 工作卫星的准确位置。目前的 GPS 接收机储存了每颗 GPS 工作卫星在各个时刻的位置数据——星历，GPS 的地面支撑系统不断监控工作卫星的精确位置，并把调整信息作为卫星信号的一部分，即 GPS 接收到的工作卫星信号包括时间和工作卫星精确位置的信息。这看起来十分容易，就像我们使用手机下载电影那么容易，但错误还是频频出现。

出现差错的原因之一是卫星信号并不那么理想，实际上，卫星信号并不是匀速地以光速在地球的空间内传播。卫星信号穿过地球大气层时，特别是进入电离层和对流层时会减慢速度。这种状况在地球上所处地点的不同而不同，很难将这一因素进行量化。

另外，卫星信号还有可能被大型物体反弹回去，例如高楼、山谷等等。这将会导致 GPS 接收机计算出的与卫星的距离比实际的要远。这些还不是最糟糕的，最糟糕的是工作卫星有时会误报位置，受到各式各样的人为干扰。

小知识：

卫星星历

卫星星历，又称为两行轨道数据（Two-Line Orbital Element, TLE），由美国 Celestrak 发明创立。在 GPS 测量中，是指天体运行随时间而变的精确位置或轨迹表，它是时间的函数。

卫星星历以开普勒定律的 6 个轨道参数之间的数学关系确定飞行体的时间、坐标、方位、速度等各项参数，具有极高的精度。

卫星星历能精确计算、预测、描绘、跟踪卫星、飞行体的时间、位置、速度等运行状态；能表达天体、卫星、航天器、导弹、太空垃圾等飞行体的精确参数；能将飞行体置于三维的空间；用时间立体描绘天体的过去、现在和将来。

为了提高 GPS 的精度，各国均在研究不同的方法，其中以差分 GPS 和辅助 GPS 比较常用。差分 GPS（DGPS）的基本原理是引入一个已知位置的固定 GPS 接收机站来测算 GPS 的误差。固定 GPS 接收机站计算出它所覆盖范围内的接收机的误差，并向所在区域内所有装有 DGPS 功能的 GPS 接收机发送无线电信号，为其在这一区域工作时提供信号纠正的信息。辅助全球卫星定位系统（Assisted Global Positioning System，AGPS）是一种 GPS 的运行方式。它可以利用手机基地站的资讯，配合传统 GPS 卫星，让定位的速度更快。AGPS 的服务的发展得益于美国联邦通信委员会所强制规定的 E911 服务，这种服务可以在紧急电话时确定手机的位置以便救援。

GPS 接收机接收到工作卫星的信号和纠正信息，经过内置的 GNSS 解码芯片进行运算，就得到它所处位置的经度、纬度和海拔等信息。一般的民用 GPS 接收机（如智能手机）会把这些数据与内置的地图结合起来，为用户提供一个地图界面，准确地告诉用户具体的位置。除了基本功能之外，为了满足不同的需求，有些 GPS 接收机还具备连续测量、自动测量等等功能。

多国竞相建设卫星导航系统

美国虽然在卫星导航系统领先于世界，但并不满足于现状，GPS 得到进一步的强化和完善。国际上的其他国家，不但投入了大量的资源研究 GPS 的优化技术，还一直寻求机会摆脱对 GPS 的依赖。在此背景下，俄罗斯、欧盟、日本和印度等纷纷自主研发卫星导航系统。其中俄罗斯的“格洛纳斯”

和欧洲的“伽利略系统”是两个比较成熟的卫星导航系统。

“格洛纳斯”是全球卫星导航系统（Global Navigation Satellite System，GLONASS）。“格洛纳斯”最早开发于苏联时期，第一颗“格洛纳斯”卫星于 1982 年 10 月 12 日发射升空。1993 年俄罗斯承接该计划，开始独自建立本国的全球卫星导航系统。至 1995 年，俄罗斯耗资 30 多亿美元，完成了“格洛纳斯”导航卫星星座的组网工作。

“格洛纳斯”系统的原理和方案都与 GPS 类似，也是由 24 颗卫星组成。与 GPS 不同的是，“格洛纳斯”的 24 颗导航卫星分布在 3 个轨道平面上，这 3 个轨道平面两两相隔 120°，同平面内的卫星之间相隔 45°。每颗卫星都在 19 100 千米高、64.8° 倾角的轨道上运行，轨道周期为 11 小时 15 分钟。地面控制部分全部部署在俄罗斯领土境内。据俄罗斯称，多功能的“格洛纳斯”系统定位精度可达 1 米，速度误差仅为 15 厘米 / 秒。如果必要，该系统还可用来为精确打击武器制导。

但在 1990—2002 年，俄罗斯经济严重下滑，“格洛纳斯”经历了最糟糕的时期，当时只有 8~10 颗卫星在工作，而要该系统发挥完全的作用，需要有 24 颗卫星。现在只有 11 颗卫星处于工作状态，但是要使该系统具有军用价值，在轨道上至少要有 18 颗星。

2003 年的伊拉克战争对俄罗斯产生了相当大的震动，迫使俄罗斯领导层再次对太空的军事用途重视起来。俄罗斯航天的老大难问题就是经费不足，为此，俄罗斯联邦航天局试图吸引外资。按航天局局长科普捷夫的说法，要和包括中国在内的国家和组织进行商谈来共同恢复“格洛纳斯”，希望尽快恢复该系统功能。

欧洲的“伽利略计划”是欧洲计划建设的新一代民用全球卫星导航系统，是世界上第一个专门为民用目的设计的全球性卫星导航定位系统。按照设计方案，与现在普遍使用的GPS相比，它将更为先进、更加有效、更为可靠。

“伽利略计划”将会耗资约27亿美元，系统由30颗卫星组成，其中27颗卫星为工作卫星，3颗为候补卫星，卫

星高度为 24 126 千米，位于 3 个倾角为 56° 的轨道平面内，该系统除了 30 颗中高度圆轨道卫星外，还有两个地面控制中心。

中国的北斗卫星导航系统

1983 年，“两弹一星”功勋奖章获得者陈芳允院士及其合作者提出利用 2 颗同步定点卫星进行定位导航的设想。经过严谨的分析和初步的实地试验，效果良好，这一系统被称为双星定位导航系统。1994 年，双星定位导航系统正式立项，其工程代号取名为“北斗一号”。

“北斗一号”由空间卫星、地面控制中心站和用户终端等三部分构成。空间卫星即“北斗一号”由 2 颗工作卫星和 2 颗备份卫星组成，2 颗定位卫星分别发射于 2000 年 10 月 31 日和 12 月 21 日，备份卫星于 2003 年 5 月 25 日、2007 年 2 月 3 日发射。地面控制中心站包括主控站、注入站和监测站等若干个地面站。用户终端即可以接收“北斗一号”信号的接收机。

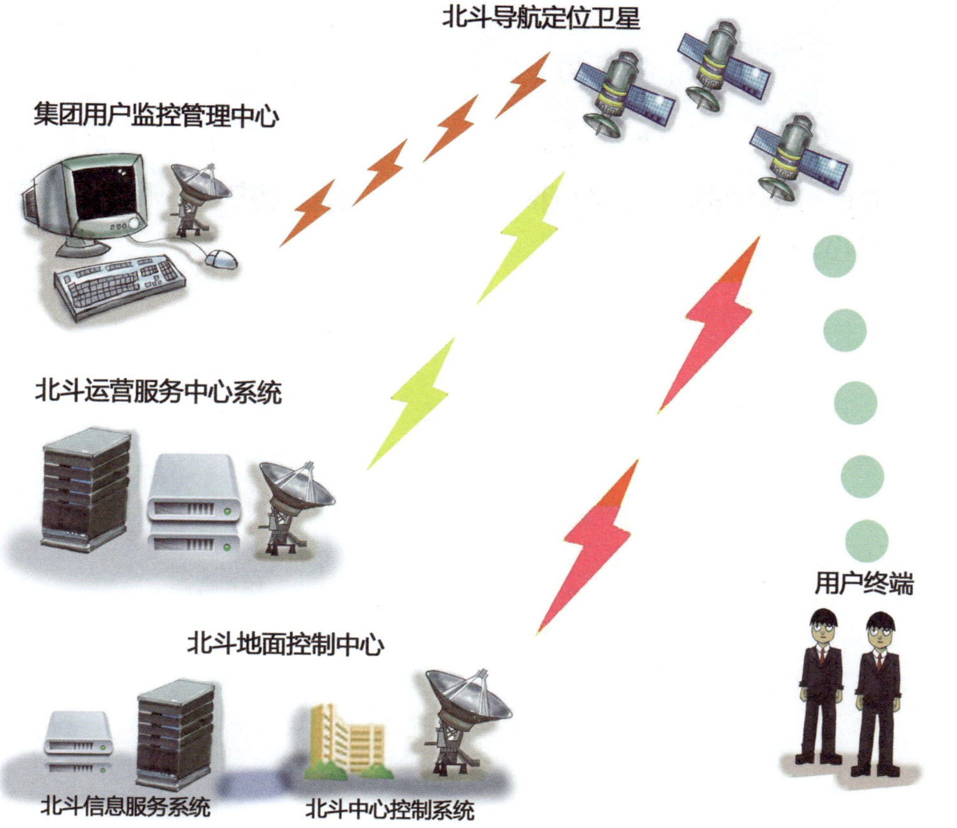

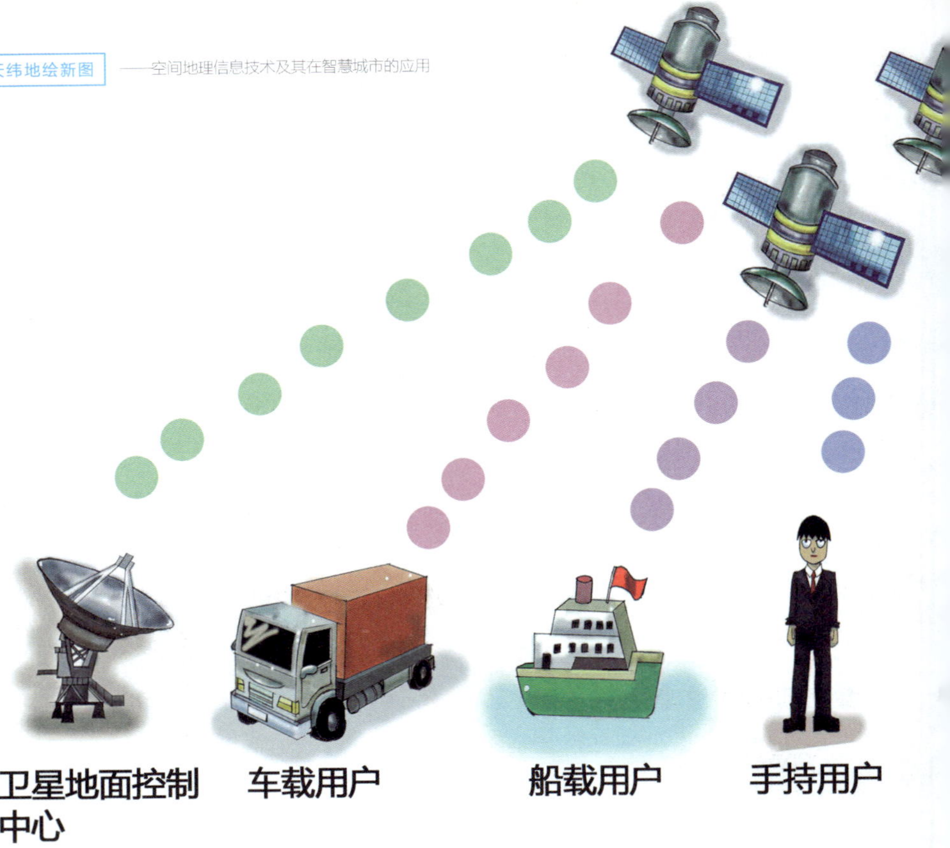

“北斗一号”的基本工作原理是“双星定位”：以两颗相对静止的卫星已知坐标为圆心，各自以测定的卫星至用户终端的距离为半径，形成两个球面，用户终端将位于这两个球面交线的圆弧上。地面控制中心站则配有电子高程地图，提供一个以地心为球心、以球心至地球表面高度为半径的非均匀球面，然后用数学方法求解圆弧与地球表面的交点即可获得用户的位置。

用户利用“北斗一号”定位方法是：首先是用户向地面控制中心站发出请求，地面控制中心站再发出信号，分别经

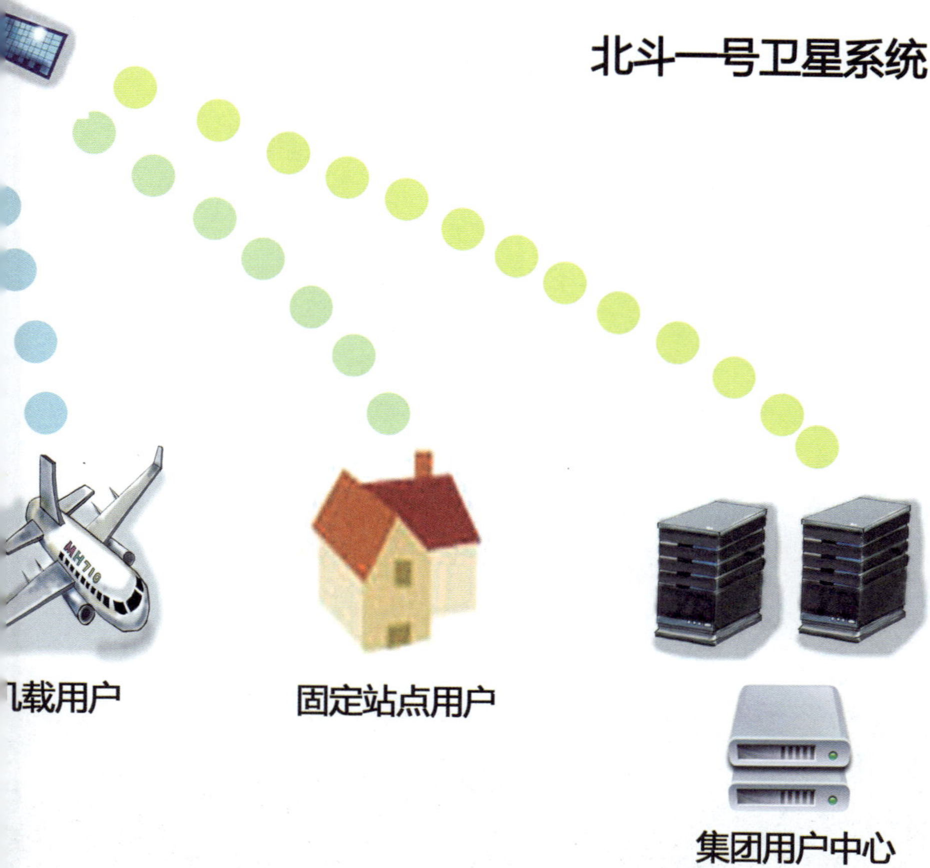

两颗卫星反射传至用户，地面控制中心站通过计算信号在两种路径传播所需时间即可完成定位。“北斗一号”与 GPS 的定位方法有所不同，GPS 对所有用户位置的计算是在卫星上进行，“北斗一号”则是在地面控制中心站完成的。这种定位方式需要用户终端向定位卫星发送定位信号，再由信号到达定位卫星时间的差值计算用户位置，所以被称为“有源定位”。

“北斗一号”的这种定位方式有以下缺陷：一是用户在定位的同时失去了无线电隐蔽性，这在军事上相当不利；二是接收机必须包含发射机，在体积、重量、价格和功耗方面比较不利；三是依赖于地面控制中心站进行计算，一旦地面控制中心站受损，整个系统则无法运作。

此外，“北斗一号”卫星导航系统也有一些自身的特点：具有定位和通信双重作用。可以不通过通信网络发送短信息，这是GPS所不具备的。遇险者只需1秒即可以发出求救信息，这个功能对于救援行动非常有用，GPS则无此功能。

据中国卫星导航系统管理办公室主任冉承其介绍，按照“质量、安全、应用、效益”的总要求，北斗卫星导航系统按照“三步走”的发展战略稳步推进。具体如下：

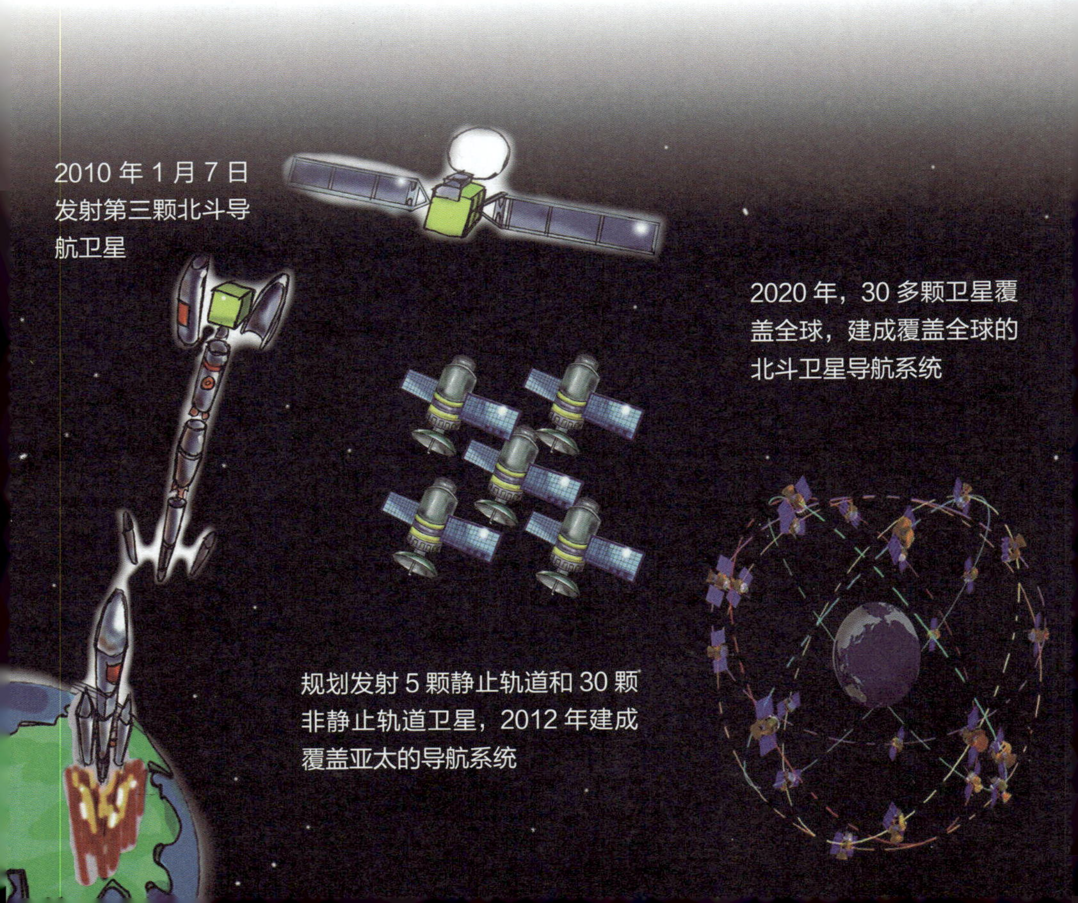

第一步是建成区域性导航系统，“北斗一号” 双星定位系统建成并投入使用。

第二步是在“十二五”前期完成 12~14 颗卫星的发射任务，组成区域性、可以自主导航的定位系统。系统将首先具备覆盖亚太地区的定位、导航和授时及短报文通信服务能力。2012 年 12 月 27 日，国家正式宣布北斗卫星导航系统试运行启动，标志着我国自主卫星导航产业发展进入崭新的发展阶段，北斗卫星导航系统正式提供区域服务，标志着第二部的完成。

第三步是在 2020 年前，有 30 多颗卫星覆盖全球，建成覆盖全球的北斗卫星导航系统。届时，北斗卫星导航定位系统将会与短信服务和导航结合，增加了通信功能；全天候快速定位，消除信号盲区，定位精度达到 10 米，授时精度为 50 纳秒，测速精度为 0.2 米 / 秒；改进“北斗一号”的缺陷，可以提供无源定位导航和授时等服务且用户数量没有限制；另外，系统将会与 GPS 兼容。

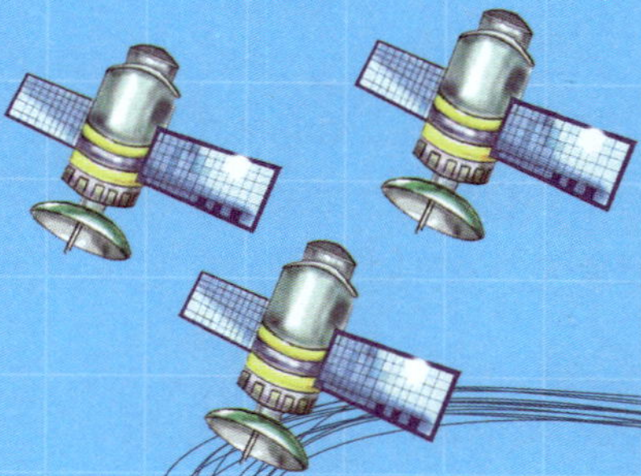

三 空间地理数据的获取

Keyhole 是一家总部位于美国加州山景城（Mountain View）的卫星图像公司，成立于 2001 年。它所开发的产品 Keyhole 软件允许网络用户浏览通过卫星及飞机拍摄的地理图像。

2004 年 10 月 27 日，谷歌（Google）公司宣布收购 Keyhole。2005 年 6 月谷歌公司整合了 Keyhole，推出了全新的谷歌地球（Google earth）系列软件。谷歌地球的最基本版本作为免费软件，用户可以不限时间地自由使用。2014 年 3 月，谷歌地球已经更新到 7.1 版。任何人只要从谷歌网站下载一个软件，安装在自己的计算机上就可以前往世界上任何地方进行探索。

打开谷歌地球的应用界面，我们就可以看到一个美丽的星球在不断旋转。如果我们想了解广州的具体情况，只要在搜索框输入广州，谷歌地球开始放大和定位，渐渐地我们可以看清中国的轮廓，接着是广东省的，接着是广州的。在广州这个区域，我们还可以清晰地看见高楼、道路、河流，甚至街景。

是不是很神奇？在这神奇的背后，是谷歌地球整合了卫星影像、航拍等多方面的数据，这些数据是以 TB 计的海量数据库。这就需要不断获取、处理、储存大量的空间地理信息。

1 认识现实世界——古老而年轻的测绘学

测绘，就是测量和绘制的合称。测量是获取空间地理信息的主要方法，绘制一般是指绘制地图，是表达空间地理信息的主要形式。从现在的考古发现，地图的形成不晚于文字的形成，按此推算测量的历史则是更长了，这说明测绘是一门古老的科学。随着社会经济的发展，测绘的范围、测绘的方法、测绘的内容不断扩展，各种测绘技术也随着时代的进步而进步，所以说这也是一门年轻的科学。

大地测量

大地测量是确定地面点位、地球形状大小和地球重力场的精密测量，包括三角测量、精密导线测量、水准测量、天文测量、卫星大地测量、重力测量和大地测量计算等。大地测量是对物体的空间信息进行描述，具体描述什么时候在什么地方出现了什么物体，即回答何时、何地、何物。

大地测量的主要任务是：为地形图测量和大型工程测量提供基本的平面和高程控制，即测绘基准的建立；提供精确的点位坐标、距离、方位角和地球重力场数值；为研究地球形状大小、地壳运动和地震预报等提供资料。

地形测量

地形测量是指对地球表面的地物、地形、地貌在水平面上的投影位置和高程进行测定。大面积地形图的测绘基本上采用航空摄影测量的方法，但对面积较小的或者专用于某项工程建设的地形图则采用地面测量仪器进行测量，一般在野外进行作业。

地形测量包括控制测量和碎部测量，按“先控制后碎部”的程序进行作业。一般先以较高精度的控制点作为测区首级控制，例如某等级的三角点、导线点、水准点等，然后逐步加密精度较低的控制点，最后布设专为碎部测量应用的控制点。按所用仪器的不同，碎部测量主要有平板仪测图法、小平板仪和经纬仪联合测图法、经纬仪测绘法等。

工程测量

人们把工程建设中的所有测绘工作统称为工程测量，包括在工程建设勘测、设计、施工和管理等各个阶段所进行的各种测量工作。工程测量直接为各项建设项目的勘测、设计、施工、安装、竣工、监测及营运管理等一系列工程工序服务。

工程测量按其工作顺序和性质分为：勘测设计阶段的工程控制测量和地形测量；施工阶段的施工测量和设备安装测量；竣工和管理阶段的竣工测量、变形观测及维修养护测量

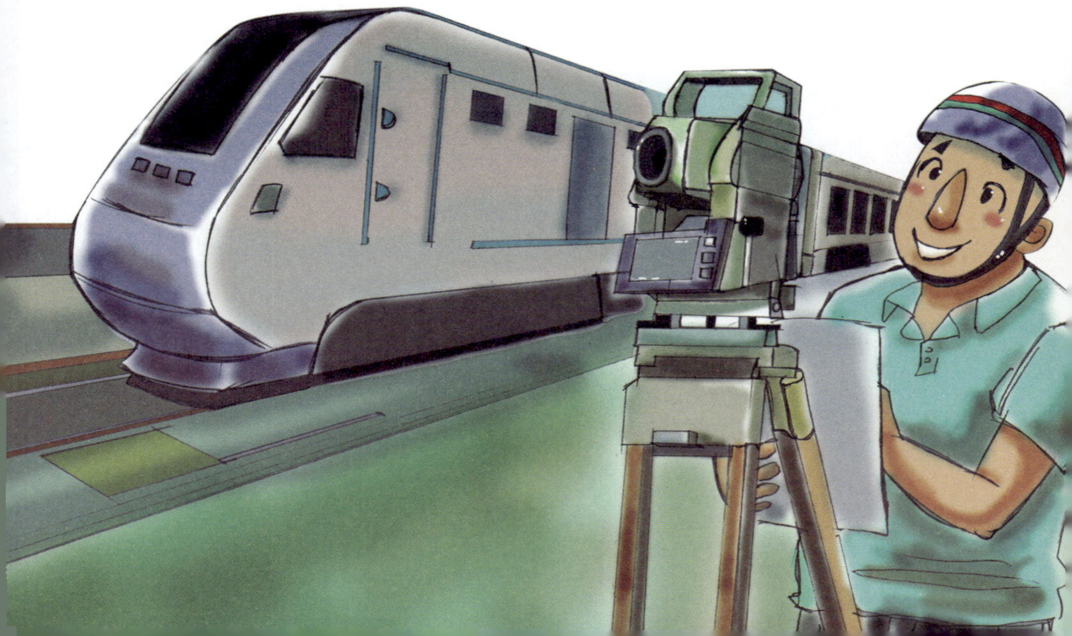

等。按工程建设的对象分为：建筑工程测量、水利工程测量、铁路测量、公路测量、桥梁工程测量、隧道工程测量、矿山测量、城市市政工程测量、工厂建设测量及军事工程测量、海洋工程测量等。

地籍测量

地籍测量是在土地权属调查的基础上运用测绘科学技术测定界址线的位置，在一定区域内，测量每宗土地的权属界线、位置、形状及地类等并计算其面积，绘制地籍图，为土地登记提供依据而进行的专业测绘工作。它是土地管理的技术基础，要求分级布网、逐级控制，遵循“从整体到局部，先控制后碎部”的原则。

地籍测量，按设备方法不同分为普通测量法（地面法）、航测法和综合法；按地籍原图的成图方法的不同分为解析法、部分解析法和图解法；按基本图件的可用性分为地籍修测、补测与全测。

航道测量

航道测量，主要是指海洋和江河航道测量，是为保证航行安全为目的而对海洋水体和水下地形进行测量和调查的工作。测量所获得的水区的各种资料，可用于编制航海图等。它包括控制测量、岸线地形测量、水深测量、扫海测量、海洋底质探测、海洋水文观测、助航标志的测定及海区资料的调查等。

2 感知无限延伸——迅速发展的遥感技术

现代测量学的发展趋势是多种手段并用，空地一体化遥感探测。发展测绘应用卫星、高中空航摄飞机、低空无人机、地面遥感等遥感系统，加快建设航空航天对地观测数据获取设施，形成光学、雷达、激光等遥感数据获取体系，显著提高遥感数据获取水平。

遥感技术与遥感平台

遥感，从字面解释即是遥远的感知。广义的遥感是泛指一切非接触的远距离的探测。遥感给人的感觉是高深莫测，实际上自然界的遥感现象比比皆是，比如蝙蝠、响尾蛇、人的眼睛和耳朵等。狭义的遥感则是专指利用遥感器（传感器）等对电磁波敏感的仪器，在远离目标和非接触目标条件下探测目标物体，获取其反射、辐射或散射的电磁波信息（如电场、磁场、电磁波、地震波等），并且进行提取、判定、加工处理和分析应用的一门科学和技术。

早在 1858 年人们就用系留气球拍摄了法国巴黎的鸟瞰相片，1903 年飞机的发明，到 1909 年出现第一张航空相片，人类进入航空遥感时代。1972 年美国成功发射了地球资源技术卫星 ERTS-1（后改名为 Landsat-1），人类进入了航天遥感时代。经过几十年的迅速发展，遥感技术成为一门在多个领域广泛使用的空间探测技术。

以摄影测量技术为基础的遥感测量技术目前已经成为获

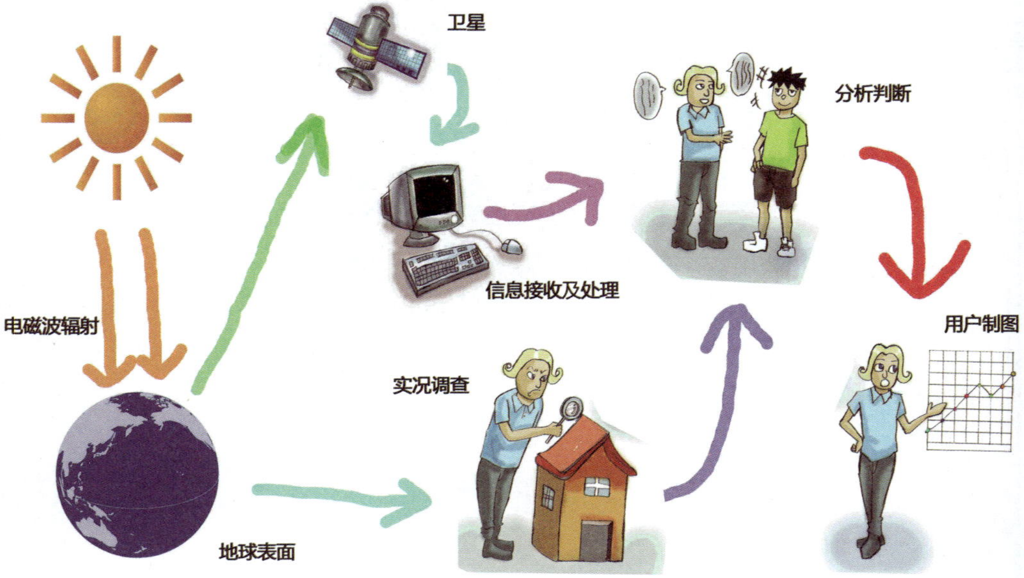

取基础地理信息的主要方法。遥感技术的类型从工作平台层面可以分为：地面遥感、航空遥感和航天遥感。

（1）地面遥感

地面遥感是一种遥感器位于地面的遥感技术，其实很多人手上都有着这样的设备，可以拍照的手机就是这样的设备。不过，用于获取空间地理信息的遥感设备则比手机上的摄像头要复杂得多，通常是以高塔、车、船作为测量为平台，将地物波谱仪或其他传感器安装在这些平台上。然后进行各种地物波谱测量、探测和采集地物目标（如土壤、植被、大气、水环境等）信息。随着技术的进步，目前移动式、手提式的地面遥感装置已经得到广泛使用。

小知识：

图像分辨率

日常用语中之分辨率多用于平面二维图像的清晰度。分辨率越高代表图像质量越好，越能表现出更多的细节；但相对的，因为记录的信息越多，文件也就会越大。

分辨率就是屏幕图像的精密度，和图像的像素有直接关系。我们来算一算，一张分辨率为 640×480 的图片，那它的分辨率就达到了 307 200 像素，也就是我们常说的 30 万像素，而一张分辨率为 1 600×1 200 的图片，它的像素就是 200 万。这样，我们就知道，分辨率的两个数字表示的是图片在长和宽上占的点数的单位。

地面遥感的特点是覆盖的范围有限，拍摄的照片分辨率很高。谷歌街景拍摄车就是地面遥感的一种设备。谷歌街景视图项目于 2007 年 5 月启动，最初是在一辆运动型多用途汽车（SUV）中配备了若干台计算机，并在车顶上安装有摄像机、激光器和卫星定位设备。后来谷歌对汽车和摄像技术进行了几次更新换代，目前最新的车辆已配备了 15 个摄像头，可拍摄 360° 全景图。车中还配备了用于跟踪车辆位置的移动传感器、用于存储数据的硬盘、用于运行系统的小型计算机，以及用于捕获三维数据以确定街景视图图像中距离远近的激光器等设备。街景车获取的空间地理信息经过处理后，被谷歌嵌入到谷歌地图、谷歌地球的服务中，供所有网民进行浏览。

由于谷歌街景车获取的照片过于清晰，于是引发了隐私问题的大讨论。谷歌地图街景服务虽然可以让用户看到真实的街道照片，但同时可以拍摄到许多隐私画面，比如人脸等。目前，谷歌正在将人脸加以模糊，以此来保护个人的隐私。

（2）航空遥感

航空遥感是指利用各种飞机、飞艇、气球等作为传感器运载工具在空中进行的遥感技术，是由航空摄影发展而来的一种多功能综合性探测技术。航空摄影始于 19 世纪 50 年代，1858 年纳达尔在法国巴黎上空进行拍摄。虽然当时从气球上用摄影机拍摄的巴黎鸟瞰照片只有观赏价值，但是开创了人类从空中观察地球的新时代。1903 年美国的莱特兄弟设计制造的飞机成功进行了试飞，1909 年美国人实现了从飞机上对

地面进行拍摄。此后，随着飞机和飞行技术、摄影机和感光材料等的飞速发展，航空摄影相片质量得到很大提高，用途也越来越广泛。

按摄影的实施方式分类，航空摄影可分为单片摄影、航线摄影和面积摄影。

单片摄影是为拍摄单独固定的目标而进行的摄影，一般只摄取一张（或一对）相片。

航线摄影是沿一条航线，对地面狭长地区或沿线状地物（铁路、公路、河流等）进行的连续摄影。为了使相邻相片的地物能互相衔接以及满足立体观察的需要，要求相邻相片间有一定的重叠。这样的重叠称为航向重叠，一般要求达到60%，至少要大于53%。

面积摄影是沿数条航线对较大区域进行连续摄影。面积摄影要求各航线互相平行，在同一条航线上相邻相片间的航向重叠为53%~60%。相邻航线间的相片也要有一定的重叠，这种重叠称为旁向重叠，一般应为15%~30%。实施面积摄影时，通常要求航线与纬线平行，即按东西方向飞行。

航空遥感依飞行器的工作高度和应用目的，分高空（10 000~20 000 米）、中空（5 000~10 000 米）和低空（＜5 000 米）三种类型遥感作业。

高空、中空的遥感作业是由飞行员驾驶高、中空航摄飞机，领航员进行对地观察，摄影者实施拍摄。任务不同，需用使用的飞机类型也有所不同。例如，用于测绘地形图的摄影测量时，则需要选用具有较高稳定性和续航时间长的飞机；大比例尺测图的航空摄影，则可以选用直升机。高空、中空的遥感具有技术成熟、成像比例尺大、地面分辨率高、遥感范围广（既可以进行大面积地形测绘，也可以进行小面积的详查）、地面处理设备简单等优点。缺点则是飞行高度、续航能力、姿态控制、全天候作业能力及大范围的动态监测能力较差，同时对飞行员、领航员、拍摄者的要求较高。为了弥补这样的缺陷，逐渐发展了航天遥感和低空无人机遥感技术。

小知识：

地面分辨率

卫星与航拍的影像是由像素点组成，影像上像素点的密度常用每毫米多少条线来表示，线越多表示影像质量越高。例如，某张卫星影像每平方毫米的纵横线数各250条，也就是每平方毫米内有62 500个像素点，其相邻两像素点间的距离只有4微米。影像上4微米相当于地面距离多少呢？这与照相机的焦距和卫星的飞行高度有关。如果焦距为 2 米，飞行高度 150 千米，那么地面距离约为 0.3 米，这个长度就叫作影像的地面分辨率。

通俗地说，地面分辨率是能够在影像上区分两个目标的最小间距，但它并不代表能从照片上识别地面物体的最小尺寸。通常从影像上能够识别目标的最小尺寸应等于地面分辨率的 5~10 倍。人的肩宽约 0.5 米，在地面分辨率为 0.3 米的卫星影像上占 1~2 个像素点。从影像上可以发现这儿有目标，但这个目标是人，还是物，靠 1~2 个像素点是确定不了的，更谈不上区分是男还是女了！

无人机是通过无线电遥控设备或机载计算机程序控制系统进行操控的不载人飞行器。根据不同类型的遥感任务，在无人机上安装相应的机载遥感设备，如高分辨率 CCD 数码相机、轻型光学相机、多光谱成像仪、红外扫描仪、激光扫描仪、磁测仪、合成孔径雷达等。因无人机的飞行高度有限，故又称为低空无人机。

无人机遥感平台的一般构成是：以无人机为空中平台，遥感器获取信息，利用计算机对遥感器获取的信息进行处理，甚至可以按照一定精度要求制作图像。无人机的优势是能够定点起飞、降落，对起降场地的条件要求较低。但无人机的操控难度较大、种类有限。

延伸阅读

无人机在雅安地震中发挥重要作用

北京时间 2013 年 4 月 20 日 8：02 四川省雅安市芦山县（北纬 30.3°，东经 103.0°）发生 7.0 级地震。震源深度 13 千米。震中距成都约 100 千米。成都、重庆及陕西的宝鸡、汉中、安康等地均有较强震感。

四川雅安地震发生后，国家测绘地理信息局立即对测绘救灾保障做出紧急部署，启动应急保障机制，由 5

架无人机、应急监测车系统及多名技术人员组成的第一支救灾队伍已到达灾区。

国家测绘地理信息局已动员各种技术力量，紧急支援灾区救灾工作。在“天地图”上发布了震区及周围地区 0.5 米分辨率卫星影像，并将随时发布无人机获取的最新灾后影像。4 月 20 日 14：15，无人机起飞，16：00 左右，获取核心灾区宝兴镇、太平镇 0.16 米分辨率低空无人机影像 30 平方千米。 此次测绘任务繁重，无人机从出发到获取灾后的空间地理信息仅仅用了 2 小时，这是传统测绘技术无法比拟的。

（3）航天遥感

又称太空遥感，是指在地球大气层以外的宇宙空间，利用人造卫星、宇宙飞船、航天飞机、空间站等航天飞行器作为平台的遥感技术。航天遥感是一门综合性的科学技术，核心是遥感信息的获取、存储、传输和处理技术。随着航天技术的不断进步，航天遥感已经成为获取空间地理信息的主要方法。

航天遥感飞行器的飞行高度一般超过 1 000 千米（近期发展起来的小卫星飞行高度只有

几百千米)。所谓“登高而望远”，故航天遥感的感测面积大、范围广，而且可以定期或连续监视一个地区，不受国界和地理条件限制。

在航天遥感平台上获取信息的方式主要有四种：一是由宇航员操作，如2013年6月11日升空的“神舟十号”，宇航员聂海胜、张晓光、王亚平就可以根据需要对地球和太空进行拍摄，由于航天的技术所限，成本过高，这种方式采用频率不高；二是卫星舱体回收，如我国的科学实验卫星回收的卫星相片，随着科学技术的进步，这种方式比较少采用了；三是将拍摄好的影像通过扫描转换成数字编码，传输到地面接收站；四是直接发送的探测信号，中继传输到地面接收站。

小档案：

我国的测绘卫星“资源三号”

“资源三号”测绘卫星，简称ZY3，是中国第一颗民用高分辨率光学传输型测绘卫星。卫星于2012年1月9日发射，它搭载了四台光学相机，包括一台地面分辨率2.1米的正视全色TDI CCD相机、两台地面分辨率3.6米的前视和后视全色TDI CCD相机、一台地面分辨率5.8米的正视多光谱相机，数据主要用于地形图制图、高程建模及资源调查等。卫星设置寿命5年，可长期、连续、稳定地获取立体全色影像、多光谱影像以及辅助数据，可对地球南北纬84°以内的地区实现无缝影像覆盖。

遥感影像的预处理

遥感系统会受到空间、波谱、时间及辐射分辨率等因素的限制，往往很难精确地记录复杂地表的信息，在数据获取的过程中会产生误差。这些误差降低了遥感影像及其数据的质量，如果不进行校正直接使用将会影响图像分析的精度，因此在图像分析和处理之前需要进行遥感原始影像的预处理。

遥感影像预处理是遥感应用的第一步，也是非常重要的一步。目前的技术非常成熟，大多数的商业化地理信息软件都具备这方面的功能。遥感影像预处理又被称作图像纠正和重建，包括辐射校正、几何校正等。其目的是纠正原始图像中的几何与辐射变形（即通过对图像获取过程中产生的变形、扭曲、模糊和噪音进行纠正），以得到一个尽可能是在几何和辐射上真实的图像。因为不同的需要，遥感影像的预处理

流程有所差异，而且侧重点也有所不同。

遥感影像的识别

遥感影像的识别是指通过对遥感影像的观察、分析和比较，判断和识别遥感影像所表示的地物的类型、性质，获取感知对象的数量、质量、空间分布特征及其演变规律。具体方法包括遥感图像的目视识别和计算机模式识别。

目视识别是用肉眼或借助于简单的工具如放大镜、立体镜、投影观察器等，直接用肉眼来识别图像特性，从而提取有用信息，即把物体与图像联系起来的过程。这种方法要求操作者具备的基本知识包括地理专业知识、地理区域知识、遥感系统知识等。

计算机模式识别是指根据地物的光谱特征进行统计判别，分类结果的可靠性需要通过严格的分类精度统计分析以及野外调查进行验证。

遥感影像处理软件

国际上常用的遥感影像处理软件有 ERDAS、PCI、ER Mapper、ENVI 等。

ERDAS IMAGINE 是美国 ERDAS 公司开发的遥感影像处理系统。它以其先进的图像处理技术，友好、灵活的用户界面和操作方式，面向广阔应用领域的产品模块，服务于不同层次用户的模型开发工具以及高度的遥感影像处理和地理信息系统集成功能，为遥感及相关应用领域的用户提供了内容丰富而功能强大的图像处理工具，代表了遥感影像处理系统未来的发展趋势。该软件功能强大，在该行业中是最好的一款软件。据统计，目前 ERDAS IMAGINE 软件已经成为世界上占最大市场份额的专业遥感影像处理软件。

PCI GEOMATICA 是 PCI 公司将其旗下的四个主要产品系列集成到一个具有同一界面、同一使用规则、同一代码库、同一开发环境的一个新产品系列。该系列产品在每一级深度层次上，尽可能多地满足该层次用户对遥感影像处理、摄影测量、地理空间分析、专业制图功能的需要，而且使用户可以方便地在同一个应用界面下，完成他们的工作。

ER Mapper 是由澳大利亚 Earth Resource Mapping 公司开发的一款地理信息软件。ER Mapper 除了具有传统图像处理功能外，它在开发起点和设计思想等方面完全区别于早期的传统图像处理系统。2004 年，ER Mapper 又隆重推出了 6.4 版本，在 GIS、CAD、图像、办公和网络应用等领域得到广泛应用，在图像增强和处理方面有了非常大的改进。

ENVI （The Environment for Visualizing Images）是美国 ITT Visual Information Solutions 公司的旗舰产品。ENVI 由遥感领域的科学家采用 IDL 开发的一套功能强大的遥感影像处理软件。它是快速、便捷、准确地从地理空间影像中提取信息的首屈一指的软件解决方案，它提供先进的、人性化的使用工具来方便用户读取、准备、 探测、分析和共享影像中的信息。

在国家 973 计划、863 计划、自然科学基金等的资助下，中国遥感相关的科研单位相继开发了一批通用遥感影像处理系统，为遥感应用的发展提供了自主知识产权的信息处理方法。

GeoImager 是在国家 863 计划支持下，由武汉吉奥信息工程有限公司、武汉大学和中国地质大学联合组织开发的具有自主知识产权的遥感数据处理平台。该系统除具有常规的遥感影像处理功能之外，还具有高光谱数据处理、遥感影像融合、雷达数据处理、基于卫星遥感影像的 DEM 生成等功能。该软件先后在国土资源部第一次资源大调查、我国自主发射卫星的地面预处理系统及我军有关遥感应用单位进行了大规模的工程化应用。

ImageInfo 系统由中国测绘科学研究院研制开发。该系统支持遥感影像、GIS 数据及 GPS 定位信息的导入与处理，设计了从遥感影像处理分析到高级智能化信息解译等一系列功能，能够显示、分析并处理多光谱、雷达及高光谱数据，提供了遥感影像分析处理、遥感数据产品生产的可视化集成环境。该系统可应用于农业、林业、测绘、地质调查、城市规划、资源环境调查、灾害监测等遥感应用部门，如用于数据生产，制作数字栅格图、数字正射影像图和专题图，用于基础地理数据更新、土地利用动态遥感监测、土地利用基础图件数据更新等。

遥感影像处理系统 IRSA 是中国科学院遥感应用研究所开发的多功能遥感影像处理软件。主要的图像处理模块包括视窗模块、处理模块、复原模块、校正模块、镶嵌模块、融合模块、分类模块、仿真模块、制图模块、高光谱模块、高分辨率模块和雷达模块。IRSA 系统被广泛应用在农业、林业、规划、测绘、水利、环境监测、海洋、国土管理及信息服务等各个行业。

3 数据有条有理——空间地理数据的储存

空间地理数据的数字化描述

传统的空间地理数据的描述技术主要包括地图和遥感影像，这些技术已经不能满足社会的发展需求了。传统地图的生产周期过长、更新周期更长，目前科研、生产与管理工作都要求及时得到有关空间地理信息，这种情况下，传统的地图制图、生产、存储已远远不能满足需求了。遥感影像存在各种的影像因素，首先需要进行预处理，然后进行融合，还必须经过识别才能变成人们所习惯的地图方式，这些过程需要大量的工作。

随着计算机软硬件技术的高速发展，利用计算机把空间地理信息进行数字化，并对其进行管理、处理和利用已经成为现实。对空间地理信息进行数字化描述，就是要使计算机能够识别地理事物的形状。要实现这样的目标，必须精确地

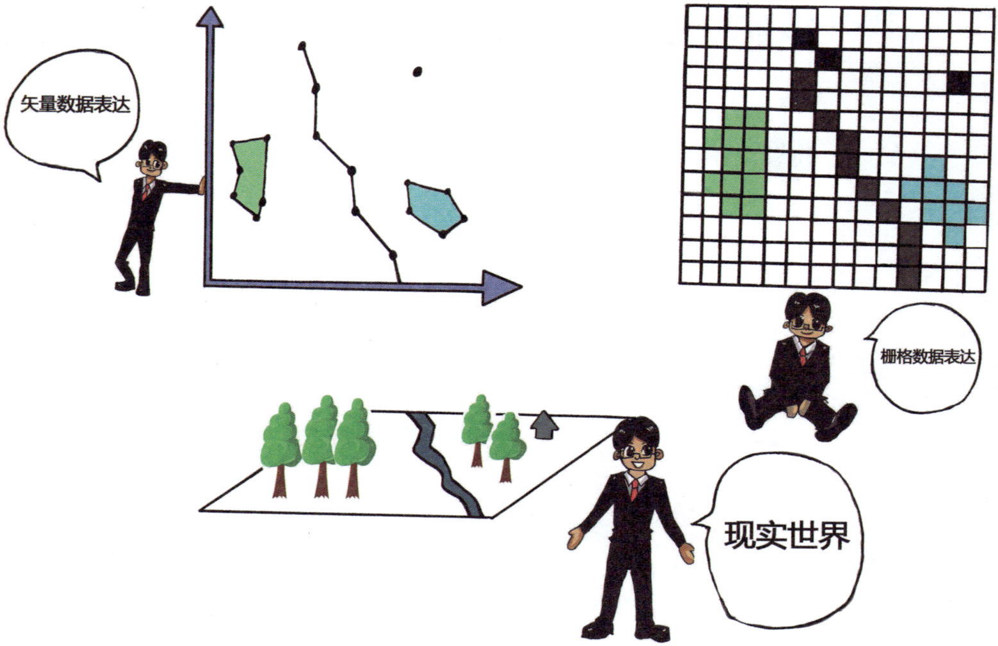

告诉计算机如何处理空间模式、如何显示等。

在计算机内描述空间实体有两种形式：显式描述和隐式描述。计算机对地理实体的显式描述也称栅格数据结构，计算机对地理实体的隐式描述也称矢量数据结构。栅格和矢量结构是计算机描述空间实体的两种最基本的方式。

在栅格数据结构中，整个地理空间被规则地分为一个个小块（通常为正方形），地理实体的位置是由占据小块的横排与竖列的位置决定，小块的位置则由其横排竖列的数码决定，每个地理实体的形态是由栅格或网格中的一组点来构成。这种数据结构和遥感图像的数据相同，因而数字遥感图像就是栅格数据结构。

在矢量数据结构中，地理实体的形状和位置是由一组坐标对所确定。矢量数据结构对地理实体的描述类似于地图对地理信息的描述，一般也把地理实体分为点、线、面三种，每种实体有不同的编码方法。

空间数据的特征与管理

要完整地描述空间地理信息，仅仅将空间数据数字化是远远不够的。简单地说，空间数据能够告诉我们某地物具体坐标位置数据，至于具体是什么、怎么来的、正在发生什么、将会发生什么等，空间数据就无能为力了，这些数据通常称为属性数据。如果需要描述空间地理的变化，还需要引入时间这个维度，记录某地物在连续一段时间内的状况。

一般而言，通常所说的空间数据已经包括了上述内容，它具有三个基本特征。一是空间特征，表示现象的空间位置或现在所处的地理位置，空间特征又称为几何特征或定位特

征，一般以坐标数据表示；二是属性特征，表示现象的特征，例如变量、分类、数量特征和名称等；三是时间特征，表示现象或物体随时间的变化。

空间特征和属性特征相对于时间特征而言，常常呈相互独立的变化，即在不同的时间，虽然空间位置不变，但是属性类型可能已经发生变化，反之亦然。这样的特点使得空间数据的管理变得十分困难。为了有效地管理空间数据，通常将表示空间特征和属性特征的数据分别单独存放，并使用不同的软件或组建来管理。

在地理信息系统中，为了真实地反映地理地物信息，除了地物的位置、形状、大小和属性，还必须反映地物之间的相互关系。这些关系就包括它们之间的邻接关系、关联关系和包含关系。在说明这些关系之前，我们先来了解计算机的拓扑关系。

在传统的纸质地图上是通过图形来识别和解释地理信息的，而在计算机中则是按照拓扑结构加以定义。邻接关系是指空间图形中同类元素之间的拓扑关系。关联关系是指空间图形中不同元素之间的拓扑关系。包含关系是指空间图形中同类但不同级元素之间的拓扑关系。

延伸阅读

空间位置之间的关系怎么表示

空间可以抽象成点、线、面3个基本的元素，即是说空间位置之间的关系可以通过空间的点、线、面之间的关系来表示。通过对点、线、面3种类型的数据进行分析，得出其可能存在的空间关系有6种：

一是点与点之间的关系。主要有两点之间是否通过某条直线相连，两点之间的距离是多少。如城市中某两个点之间可否有通路，距离是多少？这是在实际生活中常见的点和点之间的空间关系问题。

二是点与线之间的关系。主要表现在点和线的关联关系上。如点是否位于线上，点和线之间的距离等等。

三是点与面之间的关系。主要表现在空间包含关系上。如某个村子是否位于某个县内？或某个县共有多少个村子？

四是线与线之间的关系。主要表现在线和线是否相交。如河流和铁路的相交，两条公路是否通过某个点邻接？

五是线与面之间的关系。主要表现在线是否通过面或和面关联或包含在面之内。

六是面与面之间的关系。主要表现为邻接和包含的关系。

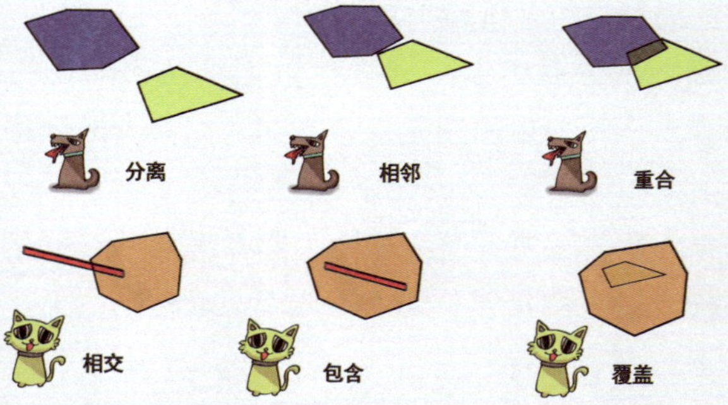

空间数据的拓扑关系，对空间数据处理和分析具有重要的意义。根据拓扑关系，不需要利用坐标或距离，就可以确定一种空间的地物相对于另一种空间的地物的位置关系。拓扑关系能清楚地反映实体之间的逻辑结构关系，它比几何数据有更大的稳定性，不随地图投影而变化。利用拓扑关系有利于空间要素的查询，例如某条高速公路通过哪些地区，某市与哪些市哪些地方邻接。又如分析某河流能为哪些地区的居民提供水源，某湖泊周围的土地类型及对生物栖息环境作出评价等。此外，还可以根据拓扑关系重建地理实体。例如根据弧段构建多边形，实现道路的选取，进行最佳路径的选择等。

4 要有共同语言——质量控制与标准体系

空间数据质量

空间数据质量的好坏是一个相对概念，并具有一定程度的针对性。目的是从空间数据存在的客观规律性出发来对空间数据的质量进行评价和控制。

空间数据质量控制应体现在数据生产和处理的各个环节。检查是一种事后的质量保证方式，如对图形数据进行检查的方法就有：

一是在屏幕上进行目视检查，将数据显示在屏幕上，对照原图检查数据的错误，如点、线、面目标的丢失，相互关系错误等。

二是利用软件进行检查，主要指利用地理信息系统软件本身的功能，检查数据拓扑关系的一致性，或者开发一些检查程序，检查数据的逻辑一致性和完整性。同时，将发现的错误显示或打印出来。

三是绘制检查用图进行检查，利用数据生成绘图文件，绘制分要素或全要素的检查用图，与原图套合进行检查。对专题统计数据和属性数据，则主要是通过打印表格，对照原始资料进行检查，还可以通过屏幕显示或绘图，发现异常数值。检查出的各种错误和问题，均应根据原始资料进行修改处理。对数据的质量检查和修改需要反复进行。

最后，还应当组织进行专门的检查验收，从而最大限度地减少错误、确保质量。

标准与质量控制

GB/T 20000.1—2002《标准化工作指南　第 1 部分：标准化和相关活动的通用词汇》中对标准的定义是：为了在一定范围内获得最佳秩序，经协商一致制定并由公认机构批准，共同使用的和重复使用的一种规范性文件。

标准是质量管理的基础并为全面质量管理提供了目标和依据，质量管理是标准的保证。质量的产生和形成的过程也是标准的制订、贯彻、验证和提高的过程。标准化贯穿于质量管理的始终，推行标准促进了产品质量的提高，质量管理又推动了标准化工作的发展，两者是相辅相成的。

我国的测绘标准体系

我国目前的测绘标准体系是从信息化测绘技术的发展需求出发，以数字化测绘技术体系下标准的构成为主体，兼顾传统测绘技术对标准的现实需要，从信息流、测绘工程物理流程等多个视角对测绘标准的组成进行描述和构建。体系包括“定义与描述”“获取与处理”“检验与测试”“成果与服务”“管理”等 5 大类 32 小类标准，每小类中包含若干国家标准或行业标准，总计由约 350 项标准构成。5 大类标准之间相互关联，各大类中的小类之间及小类中的标准之间也相互关联、相互作用，从而构成一个覆盖整个测绘领域的测绘标准体系。

延伸阅读

我国的测绘标准分类

我国的测绘标准分为“定义与描述”“获取与处理”“检验与测试”“成果与服务”“管理”等5大类。

定义与描述类标准，是为使标准化涉及的各方在一定的时间和空间范围内，达到对基础地理信息相对一致的理解，以基础地理信息的定义和描述为对象制定的标准，如《地图及地理信息系统公共信息通用符号》。

获取与处理类标准，是为规范获取与处理过程中各个环节的技术要求和技术参数，以测绘成果和产品的获取与处理的各种技术、方法、过程、行为等为对象制定的标准，如《全球定位系统实时动态（RTK）测量规范》。

检验与测试类标准，是为检测测绘和基础地理信息成果与产品质量，以检测对象、质量要求、检测方法及其技术要求为对象制定的标准，如《摄影测量系统测试规程》。

成果与服务类标准，是为保证测绘和基础地理信息成果与产品满足用户需要，以一种或一组测绘和基础地理信息成果与产品和服务应达到的技术要求为对象制定的标准，如《卫星遥感影像数据成果》。

管理类标准，是为保障测绘工作的顺利实施，以测绘和基础地理信息项目管理、成果管理、归档管理、认证管理为对象制定的标准，如《测绘成果保管规范》。

5 各有各的风采——空间地理数据的产品

地形图

地形是指地表各种各样的形态，具体是指地表以上分布的固定性物体共同呈现出的高低起伏的各种状态。在辽阔的大地上，有雄伟的高原、起伏的山岭、地势低平的平原、波状起伏的丘陵，还有四周群山环抱、中间低平的大小盆地。

多种多样的地形，为经济的发展提供了多种多样的条件。为了更好地利用地形数据，国家建立了地形数据库，它是空间型的地理信息数据库，将国家基本比例尺地形图上各类要素包括水系、境界、交通、居民地、地形、植被等按照一定的规则分层、按照标准分类编码，对各要素的空间位置、属性信息及相互间空间关系等数据进行采集、编辑、处理建成的数据库。根据国家基础地理信息系统总体设计，国家级地形数据库的比例尺分为 1 ：100 万、1 ：25 万和 1 ：5 万三级。省级地形数据库的比例尺分为 1 ：25 万、1 ：5 万和 1 ：1 万三级。

数字栅格地图

数字栅格地图（Digital Raster Graphic，DRG），是将已经出版的地图经过扫描、几何校正、色彩校正和编辑处理后，形成的栅格数据。

数字栅格地图可作为背景用于数据参照或修测拟合其他地理相关信息，使用于数字线划图的数据采集、评价和更新，还可与数字正射影像图、数字高程模型等数据信息集成使用。

数字线划地图

数字线划地图（Digital Line Graphic，DLG），是与现有线划基本一致的各地图要素的矢量数据集，它保存各要素间

的空间关系和相关的属性信息。

数字线划地图可以放大、漫游、查询、检查、量测、叠加地图，数据量小，容易分层，可以快速地生成专题地图。

数字线划地图很好地满足地理信息系统进行各种空间分析要求，又被称为带有智能的数据。数字线划地图的地理内容、分幅、投影、精度、坐标系统等技术特征与同比例尺地形图一致，图形输出为矢量格式，任意缩放均不变形。

数字正射影像

数字正射影像（Digital Orthophoto Map，DOM），由各种航空航天遥感数据或扫描得到的影像数据经过辐射校正、几何校正，并利用数字高程模型进行投影差改正处理产生的正射影像，有时附之以主要居民地、地名、境界等矢量数据，构成的影像数据库。影像可以是全色的、彩色的，也可以是多光谱的。影像数据可以采用压缩方式存储以节约存储空间。

数字正射影像，在地图分幅、投影、精度、坐标系统等要素上与同比例尺地形图是一致。数字正射影像是数字的，在计算机上可局部放大，具有良好的判读性能与量测性能和管理性能。它可作为独立的背景层与地名注记，图廓线、千米格网及其他要素层复合，制作各种专题图。

数字正射影像广泛应用于洪水监测、河流变迁、农业估产、旱情监测、荒漠化监测、森林监测、海岸线保护、生态变化监测等领域。

数字高程模型

数字高程模型（Digital Elevation Model，DEM）。它是用一组有序数值阵列形式表示地面高程的一种实体地面模型。它可以利用已采集的矢量地貌要素（等高线、高程点或地貌结构线）和部分水系要素作为原始数据，进行数学内插获得。也可以利用数字摄影测量方法，直接从航空摄影影像采集。

数字高程模型在测绘、水文、气象、地貌、地质、土壤、工程建设、 通信、军事等国民经济和国防建设及人文和自然科学领域有着广泛的应用。

数字高程模型

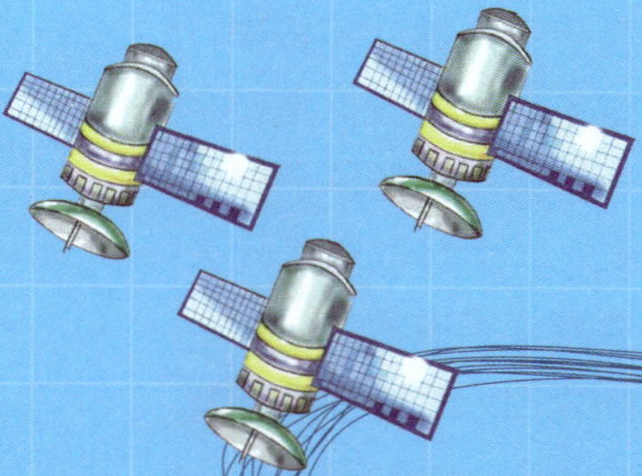

四　空间地理信息的开发利用

在信息时代，数据是指输入到计算机并能被计算机进行处理的数字、文字、符号、声音、图像等符号。数据是对客观现象的标示，数据本身并没有意义，只有经过解释的数据才有意义。例如独立的 1 和 0 均无意义，我们赋予 1 代表“有”、0 代表“无”，这样一来，1 和 0 就变得有意义了。数据可以从不同的角度去赋予意义，例如我们还可以将 1 解释为“开启”，0 代表“关闭”。

从这个意义上说，信息就是经过解释的数据，或者说是经过加工的数据。信息可以用文字、数据、符号、声音、图

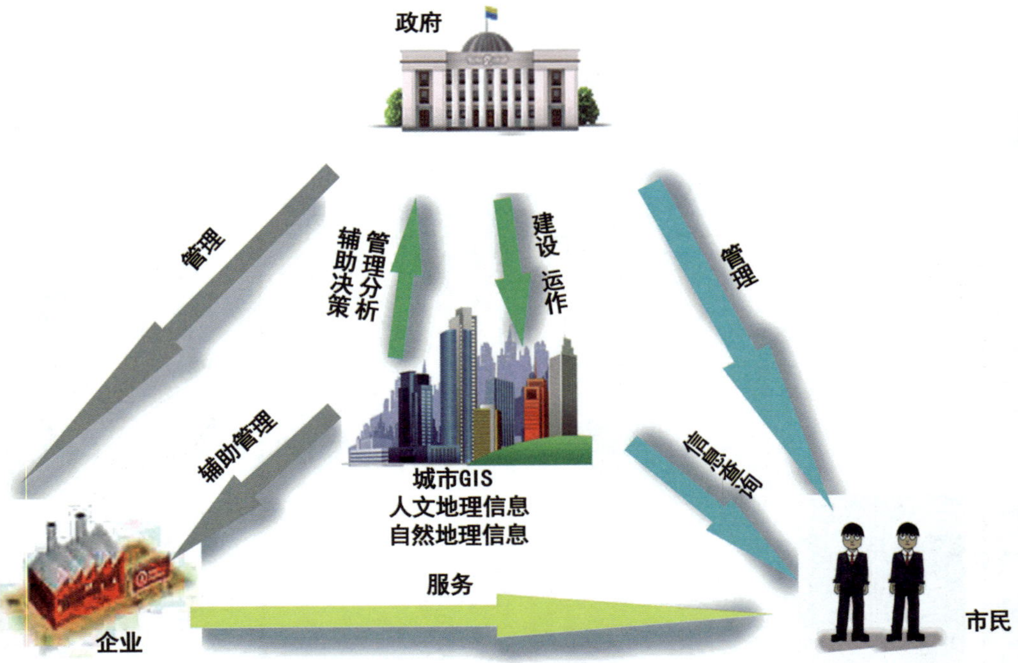

像等形式记录下来，并且可以进行传递和处理，为人们的生产、建设、管理等提供依据。

通过各种技术获取的各种各样空间地理数据需要进一步的加工、解释才能成为空间地理信息，满足人们的生产、建设、管理、生活的需求。从各种途径获得的社会经济数据，有一部分是属于信息，但更多是孤立的，需要与空间地理数据集成在一起，才能发挥更大的作用。

1 共在蓝天下——多源数据的融合

多源遥感影像融合

多源遥感影像融合是指将不同遥感器所获取的同一地物图像（简称不同遥感的图像）或同一遥感器在不同时刻获取的同一地物图像（简称不同时相的遥感影像）经过相应处理后，再运用融合技术得到一幅合成图像的过程。

合成的图像与单源遥感影像相比，所提供的信息具有冗余性、互补性和合作性等特点，克服单一遥感器图像在几何、光谱和空间分辨率等方面存在的局限性和差异性。

图像融合的必要条件是使两幅（多）图像所对应的地物吻合，分辨率一致，地理坐标统一，即图像的空间配准。

不同遥感的图像的融合步骤是在图像预处理的基础上进行空间配准，然后再复合。不同时相的遥感影像的融合步骤则需要增加一个直方图调整的步骤。

空间地理信息与属性信息的融合

什么是属性信息？举个例子，小陈在广州大学城游玩的时候拍了很多照片。在拍照的时候，小陈的照相机除了记录现实的影像之外，还会自动记录拍照的日期、光线分布等数据，这些数据被称为元数据。小陈回到家后，与好朋友浏览分享照片，这时会跟好友说是哪里拍的。这样的说明就是属性信息。

测量技术或遥感技术获取的数据可以说是一堆冷冰冰的数字，空间地理信息与属性信息的融合就是要把这些数据赋予含义，让普通人都可以理解其中的含义。而这些信息可能散落在不同的地图或系统的。在融合的过程中，需要给地物赋予具体的属性，甚至还需要实地求证。

2 一图胜千言——地图及其应用

传统地图

通过地面测量、摄影测量、遥感等方法，可以获得大量的空间地理信息，这些信息主要通过各种大比例尺的地形图来表达，如1：500、1：1 000、1：2 000、1：5 000、1：1万的地形图。但是这些地形图幅面大、拼接使用不便，常常不能够满足日常工作生活需要。地形图缩小后的图面各种线划、符号、注记等要素比原图要细致，图面地形密度增大，图幅面更小，在开发利用时存在困难，因此需要在原图的基础上编绘适合使用的各种地图。

数字制图

在电子计算机技术的带动下，专业测绘、制图软件在迅速发展，形成测绘三维坐标数据采集、图形数据处理一体化的作业程序，传统的一些手工方法已经被计算机取代了。另一方面，将传统地图数字化的软件研制成功，大量的纸质地图可以通过扫描形成栅格图像，再进行图形数据矢量化，经过高精度绘图仪绘出原图。计算机制图技术的应用，提高了成图的质量，缩短成图周期，降低了成图的成本。

电子地图

通常人们所看到的地图是纸质的，眼睛可以直接读取地

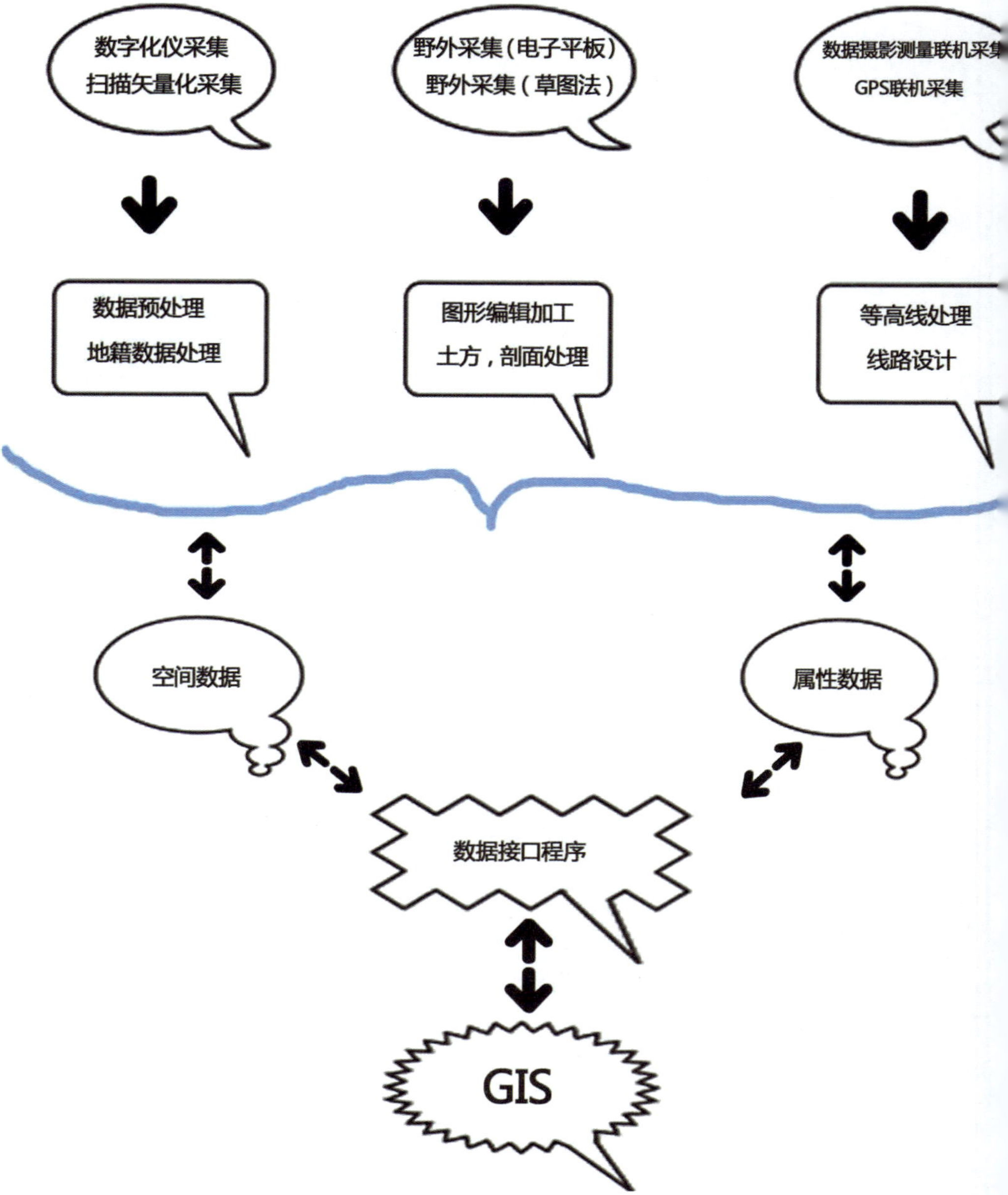
数字化仪采集
扫描矢量化采集
野外采集（电子平板）
野外采集（草图法）
数据摄影测量联机采集
GPS联机采集
数据预处理
地籍数据处理
图形编辑加工
土方，剖面处理
等高线处理
线路设计
空间数据
属性数据
数据接口程序
GIS

图上的信息。电子地图则是利用计算机技术，以数字方式储存在计算机的硬盘、软盘、光盘或磁带等介质上的地图。数字地图的内容是通过数字来表示的，需要通过专用的计算机软件对这些数字进行显示、读取、检索、分析。

电子地图上可以表示的信息量远远多过普通地图，可以进行任意比例尺、任意范围的绘图输出，可以很方便地与卫星影像、航空照片、社会经济等其他信息源结合，生成新的图种，还可以利用数字地图记录的信息派生新的数据。

3 空间分析技术

地图出现之后，人们就自觉或者不自觉地进行着各种类型的空间分析。比如，在地图上测量地理要素之间的距离、面积，利用地图找到自己想去的地方等等。随着计算机制图、计算机信息处理技术的飞跃式发展，产生了地理信息系统，为复杂的空间分析奠定技术基础。计算机储存的数字地图，向人们展示了更为广阔的应用领域。利用计算机分析地图、获取信息支持空间决策，已经成为地理信息系统的重要研究内容。

空间分析，配合空间数据的属性信息，能提供强大、丰富的空间数据查询功能，可以说空间分析是地理信息系统的核心和灵魂，是地理信息系统区别于一般的信息系统、计算机辅助设计系统或者电子地图系统的主要标志之一。

空间信息量算

空间信息量算是空间分析的定量化空间分析基础。空间实体间存在着多种空间关系，包括拓扑、顺序、距离、方位等关系。通过空间关系查询和定位空间实体是地理信息系统区别于一般数据库系统的功能之一。如查询满足在武广高铁的南部、距离武广高铁不超过 100 千米、人口大于 100 万并且居民人均年收入超过 1 万元的城市。整个查询计算涉及了空间顺序方位关系（武广高铁南部），空间距离关系（距离武广高铁不超过 100 千米），甚至还有属性信息查询（城市人口大于 100 万并且居民人均年收入超过 1 万元）。

空间信息分类

空间信息分类是地理信息系统的重要组成部分。对于线状地物求长度、曲率、方向，对于面状地物求面积、周长、形状、曲率；求几何体的质心；空间实体间的距离等。常用的空间信息分类的数学方法有：主成分分析法、层次分析法、系统聚类分析法、判别分析法等。

缓冲区分析

所谓缓冲区就是空间地理目标的一种影响范围或服务范围。缓冲区分析是指针对点、线、面等地理实体，自动在其周围建立一定宽度范围的缓冲区多边形，是解决邻近度问题的空间分析工具之一。邻近度则是描述了空间地理中两个地物距离相近的程度。交通沿线或河流沿线的地物有其独特的重要性，公共设施的服务半径，大型水库建设引起的搬迁，铁路、公路及航运河道对其所穿过区域经济发展的重要性等等，抽象出来就是一个邻近度的问题。缓冲区分析是地理信息系统重要的空间分析功能之一，它在交通、林业、资源管理、城市规划中有着广泛的应用，例如湖泊和河流周围的保护区的定界、汽车服务区的选择、民宅区远离街道网络的缓冲区的建立等。

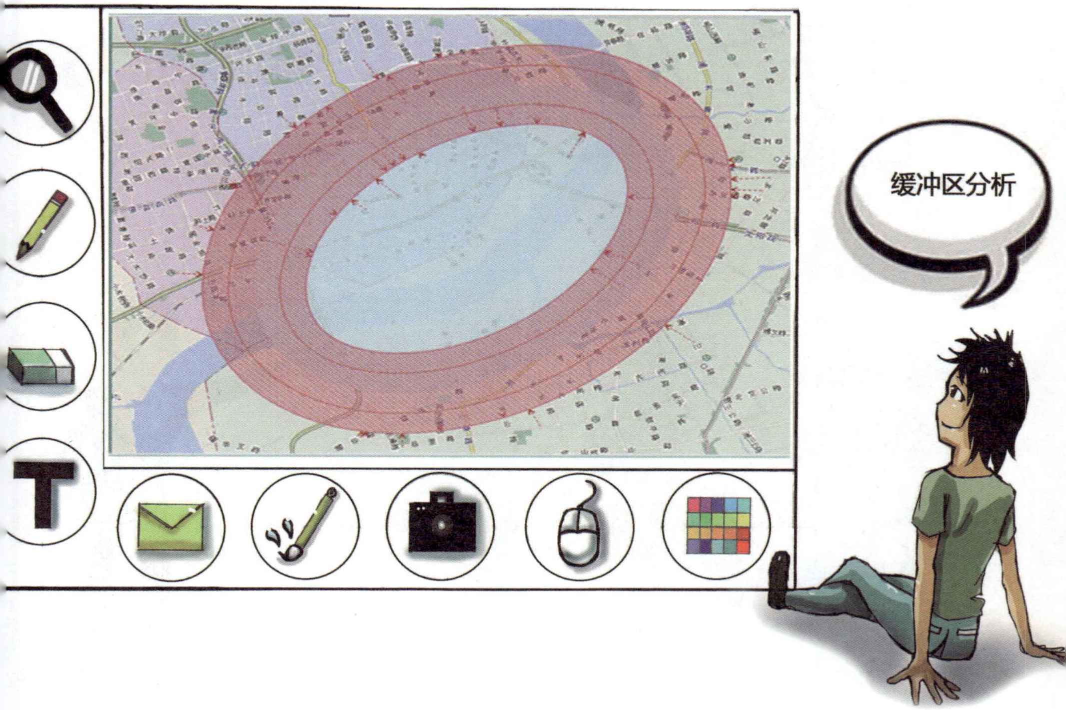

叠加分析

GIS 软件一般是以分层的形式来储存空间地理数据，将地理景观按主题分层提取，同一地区的整个数据层集表达了该地区地理景观的内容。叠加分析就是将有关主题层组成的数据层，进行叠加产生一个新数据层面的操作，其结果综合了原来两层或多层要素所具有的属性。叠加分析不仅包含空间关系的比较，还包含属性关系的比较。叠加分析可以分为：视觉信息叠加、点与多边形叠加、线与多边形叠加、多边形叠加、栅格图层叠加。

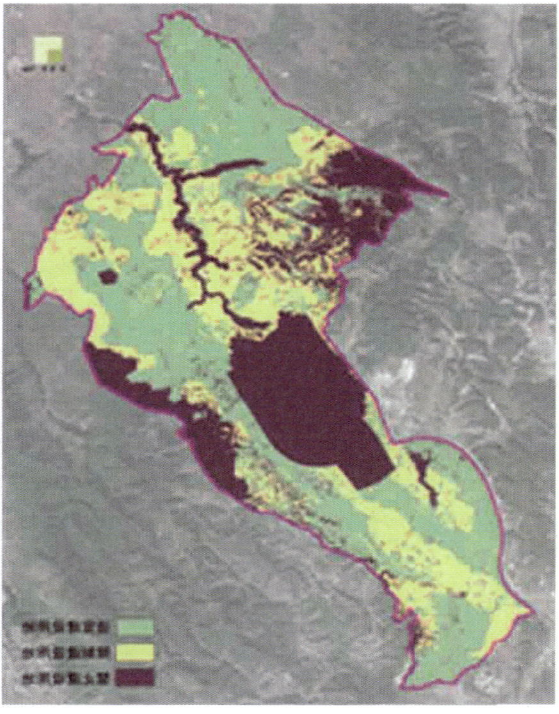

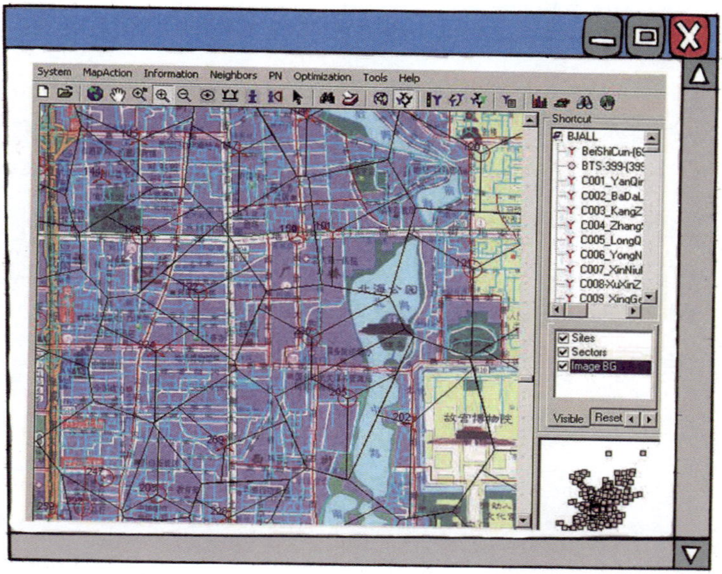

网络分析

网络分析是运筹学模型中的一个基本模型，它是研究、筹划一项网络工程如何安排，并使其运行效果最好，如一定资源的最佳分配，从一地到另一地的运输费用最低等。GIS中网络分析功能的主要目的是对地理网络（如交通网络）、城市基础设施网络（如各种网线、电力线、电话线、供排水管线等）进行地理分析和模型化。包括路径分析（寻求最佳路径）、地址匹配（实质是对地理位置的查询）、资源分配等。

空间统计分析

空间统计与分析是 GIS 得以广泛应用的重要技术支撑之一。例如，在区域环境质量现状评价工作中，可将地理信息与大气、土壤、水、噪声等环境要素的监测数据结合在一起，利用 GIS 软件的空间分析模块对整个区域的环境质量现状进行客观、全面的评价，以反映出区域中受污染的程度及空间分布情况。常用的空间统计分析方法有：常规统计分析、空间自相关分析、回归分析、趋势分析及专家打分模型等。

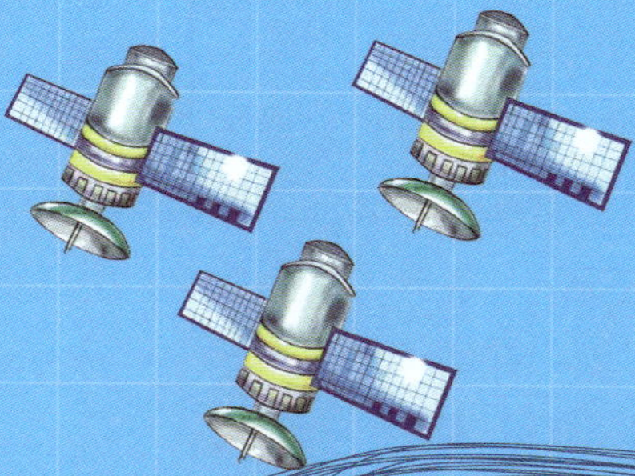

五　应用空间地理信息，促进智慧城市建设

城市在高速发展的同时也带来各种各样的问题，发展不平衡、交通拥堵、环境污染、垃圾围城、食品安全等问题困扰着城市管理者，为了解决这些“城市病”，各界人士纷纷献智献策，提出了各种各样的理论。目前，我国正在巩固和扩大“数字城市”的建设成果，正在向“智慧城市”迈进！

空间地理信息就像一根纽带，又像一条河流，把各种各样的信息集成在一起，让各类信息能够聚集起来，互相融合，以期发挥更大的价值。空间地理信息的这种特点使它成为基础性的信息，恰好是这种基础性，反而让我们感觉不到它的存在。

城市与空间地理信息密切相关，无论是城市规划，还是城市的建设与管理，都离不开空间地理信息的支持。随着社会的发展，空间地理信息已经与农业、工业、第三产业结合起来。互联网、移动互联网和物联网的飞速发展，曾经神秘的空间地理信息开始进入寻常百姓家。也许是空间地理信息的应用太广泛了，是我们的想象力限制了其发展空间。

1 空间地理信息助力城市基础建设

网格化——信息化的城市管理模式

“网格化城市管理模式运行 5 年来，共解决东城区各类城市管理问题 22 万件，结案率长期稳定在 95% 以上，结案平均时间由过去的 1 周提高到现在的 6.5 小时，每月平均处置各类城市管理问题 3 000 件，处理问题数是过去的 6 倍。”

这是北京市东城区“网格化城市管理信息平台”上线5周年的成绩单。这个成绩单来之不易，在过去更加不能想象。

2003年5月，北京市东城区网格化城市管理信息平台课题组历经17个月的探索和研究，成功研发出数字城管新模式。2004年10月，该平台投入使用。2005年9月，“东城区网格化城市管理信息平台”获得中国地理信息系统协会授予的“地理信息系统优秀工程金奖”，2007年1月，被建设部评选为2006年度国家建设行业“华夏科技进步一等奖”。

北京市东城区运用电子网格地图技术，根据属地管理、地理布局、现状管理、方便管理等原则，将北京东城区25.38平方千米的实体空间划分成1 652个网格状的单元，每个网格对应万余平方米的实体空间。然后再按照功能区划分成6大类56种城市部件和7大类33种城市问题，这些城市部件和城市问题都制定唯一的代码，这些代码标注在相应的电子网格地图中。电子网格地图除了这些代码，还包括这些城市部件和城市问题由谁来负责、谁来负责联络、处理的时限及各种类型的空间地理信息。

在管理上，东城区建立了“两个轴心”的新型城市管理体制，一个是城市管理监督中心，另一个是指挥、调度、协调中心，即城市综合管理委员会。监督职能和管理职能分开，各司其职，各负其责，相互制约。城市管理方面有没有问题，监督中心说了算；怎么协调处理、谁来处理，指挥中心说了算。每个网格都有专门的巡查员，巡查员每天定期巡查，发现在所负责的网格内的各种部件和事件存在问题，如井盖丢失、公共设施损坏、垃圾渣土堆集、占道经营、无照游商、小广告、火灾、水管爆裂等问题，巡查员立刻利用“城管通”（专门定制的类似手机的终端）拍照、上传到指挥中心。指

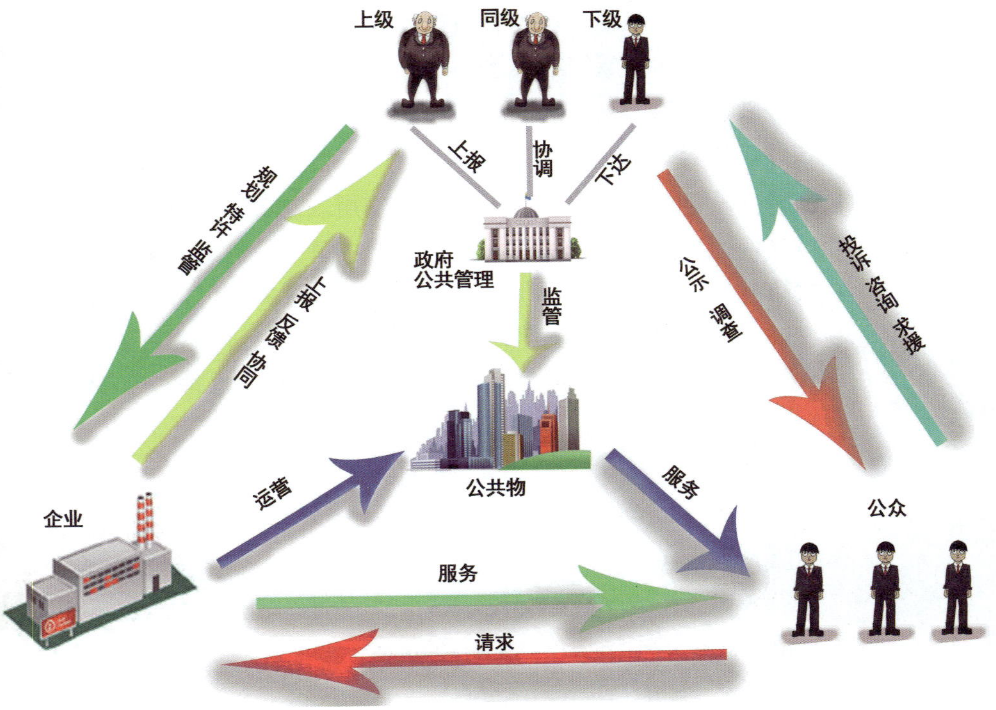

挥中心的电子大屏幕上实时显示各类问题并用颜色标识，指挥中心则根据流程分类处理，下达到相应的职能部门限时解决。相应的职能部门及时跟进，完成后指挥中心再通知巡查员复查。监督中心可以跟踪相关的信息，同时也被政府领导者所了解，主管部门的处理速度、效率、结果，全部在政府领导和监督中心的视线之中。

这还只是应急管理的应用，更重要的是当数据累计一定的数量，通过对数据进行挖掘，在事情发生之前就可以进行预防，真正做到“防患于未然”。这种应用空间地理信息和信息化技术对辖区实施分层、分级、全区域、全时段的管理取得了极大的成功，在国际上被微软的创始人比尔 · 盖茨称赞为城市管理新模式的“世界级案例”。目前，网格化管理已经推广到多个城市，并向其他行业扩展。

插上智能飞翼——警用 GIS 显威力

早在 1998 年，公安部为适应我国在现代经济和社会条件下实现动态管理和打击犯罪的需要，实现科技强警，增强公安系统统一指挥、快速反应、协调作战、打击犯罪的能力，提高公安工作效率和侦察破案水平，提出了建设金盾工程。金盾工程实际上就是公安通信网络与计算机信息系统的建设

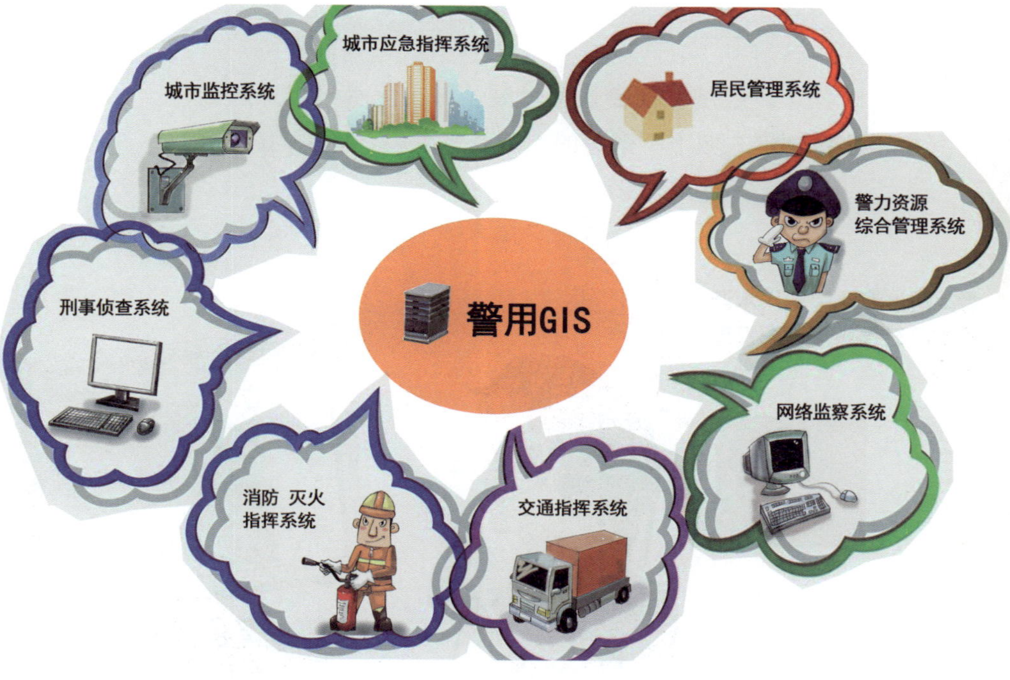

工程。警用 GIS 是金盾工程的重要组成部分，已被列入金盾工程一期的一类项目。

2008 年，广州市公安局番禺区分局建成警用地理信息系统便是其中的一例。该系统实现了空间数据与公安日常的业务数据的结合，该系统包括地址门牌审批支撑系统、预案管理系统、360° 全景展示系统、3D 展示系统等 4 个子系统。地址门牌审批支撑系统很好地解决了由于地址表述的多样性，使得同一个地址而在不同的系统或应用里却存在不同的描述的问题；预案管理系统可以直观地看到了预案在地图上的展现；360° 全景与 3D 地图的加入，使得这个系统的展现方式更加多样化。

蓝天白云尽在图中——环境 GIS 显身手

近些年，经济和社会快速发展，城市化水平越来越高，城市（特别是大城市）聚集的人口越来越多，环境问题日益

突出。面对这些快速的变化和问题，社会各界更加关注生态和环境，探索城市发展与环保的结合。国家也在不断健全环境的相关法规。

环境保护所涉及的研究对象和领域非常多，如水、大气、绿化、城建、湖泊、海湾、海洋等等。为了实现智能化的应用，需要对各种各样的环境要素进行科学化、具体化的测量。测量获取的数据，经过整理后，可以将难以表达的信息通过多种方式向用户呈现，进而可以建立三维地图平台，为各类用户提供所需的服务。

番禺区沙湾水道饮用水源保护区三维仿真地图管理系统就是在这样的背景下建立的。该系统实现在三维地图上展示各类污染源的分布情况和详细信息，可以与现有的环保综合管理系统实现数据无缝兼容。系统功能特点包括污染源分布展示、排污管网分布展示、重点污染源监控、保护区信息查询、水流模拟、水源质量动态监控等。

地下交通进行时——GIS 提升广州地铁管理水平

广州地铁在设计、运营、建设和房产与资源开发等业务就成功地运用了空间地理信息。广州地铁在“建立现代企业制度、创建现代优秀企业”的公司总目标下，建成了集基础空间信息管理、公众服务于一体的综合地理信息管理平台。

广州地铁地理信息系统从空间信息管理、展示、查询和空间决策等方面支持公司的主要业务，重点以运营和建设业务的设备设施空间定位、地质空间信息管理、工程施工空间信息管理等为主，落实地理信息系统在运营应急安全处理的应用。系统集成广州地铁现有的涉及空间信息的六大系统，同时建立 21 个专业子系统。结合数据共享和更新制度的建立，在空间信息完整、准确和及时更新的基础上，实现了空间信息管理的一体化平台。

广州地铁地理信息系统实现以下功能：

（1）地铁保护

地铁交通具有运量大，速度快、主要在地下运行的特点。因具有地下运行的空间特殊性，对地铁的保护显得尤为重要。系统根据已经编制完整的制度、法规设计相应的功能，专业保护队伍实施对线路周边的控制，保持对区内施工活动的严密监控，每日巡检的数据（包括文字、图片和多媒体）可以上传到数据库，管理人员可以随时对各个施工点进行即时、准确、有效的监控。除此之外，系统还可以进行统计、分析，提供各种报表给用户。

（2）工程与地质数据管理

利用 GIS 的强大数据管理和空间地理数据集成功能，将地铁建设过程中涉及的地质数据、相

应的标准与技术、对应安全措施集成在系统。为预防与应对事故提供分析决策支持，通过数据共享还能实现资源节约、避免地质勘测的重复投入。具体包括钻孔数据管理，地质钻孔覆盖地域二维、三维的模拟和分析，报送数据管理等。

（3）地铁应急资源与调度指挥管理

城市地铁作为为公众出行提供服务的平台，在建设与运营中都可能存在发生突发事件的风险，由于地铁事故的突发性、公共性、危害的严重性、发展的不确定性、应急处置的急迫性，对地铁在应急与指挥方面提出了很高的要求。利用 GIS 技术，当突发事件一旦发生，系统可以立刻将事发地点的相关空间地理信息及其应急预案调出来，指挥中心根据系统的信息可以更及时、有序、高效、妥善地处置地铁突发事件。

（4）地铁商业资源管理

地铁属于城市基础设施的范畴，地铁的规划、建设和运营对沿线房地产资源的升值起到促进的作用，为地下商业资源的开发利用创造了物质条件。地铁的运营会带来的巨大客流，乘客什么时候在哪里进站、什么时候在哪里出站都被系统所记录，通过对这些数据进行挖掘，并与空间地理信息结合，将会产生难以想象的商业价值。不过这一部分尚未得到深入的开发。

（5）公众出行网络服务平台

公众可以通过广州地铁官方网站查询地铁地图、出行指南、沿线信息等。

地下空间一目了然——地下空间的可视化管理

城市的地下空间管线纵横交错，有供气、供水、排水、电力、通信等各种地下管线。利用地理信息系统技术，根据各种管线的竣工资料与坐标，我们可将地下空间的综合管线统一管理起来，实现城市地下空间管理的合理化、规范化与科学化，减少道路开挖时造成的管线破坏，以及因此造成的经济损失与社会损失；另外可向城市规划部门提供综合管线信息，为地下管线规划提供辅助决策依据。

佛山市南海区现有地下管线大部分都使用了十几年，存在老化严重，养护不到位的现象，并且大多数地下管线规划图纸和竣工图纸只是以纸质文件或者 CAD 文件的方式保存，查询使用不方便，给南海区地下管线规划、设计、建设和养

护带来很多的困难。

随着佛山市南海区经济的快速发展，城市化进程进一步加快，城市规划与建设任务更加繁重，对地下管线的规划和管理要求也越来越高。如何快速获取地下管线的现状，为管线规划、建设和养护提供决策依据，显得越来越重要。

在这样的背景下，佛山市规划局南海分局提出全面普查南海区地下管线空间分布，完善地下管线属性信息。在此基础上，结合城市规划，建立具有高度全面性、现势性的地下管线综合数据库，建立地下管线信息系统。该系统将地下管线信息以数字形式存储在数据库中，从而实现对各类管线数据的管理、审批、分析、查询、输出和实时更新。

2 空间地理信息助力产业升级

空间地理信息与智能供水

广州市中心城区供水主要由广州市自来水公司负责，总供水能力为每日 448.5 万吨，中心城区市政供水管网总长度已达 5 800 千米，这个长度比广州到北京铁路里程的 2.5 倍还要长。直接面向供水终端用户的居民生活用水约有 140 万户。

2010 年底，广州市正式提出建设“智慧广州”，通过充分借助物联网、传感器等现代通信技术、传感技术和信息技术来促进和提升城市化建设，实行更科学的发展规划。计划至 2015 年全面实现智慧城市，打造“幸福广州”。

应用空间地理信息提高了供水管网资料的管理效率和质

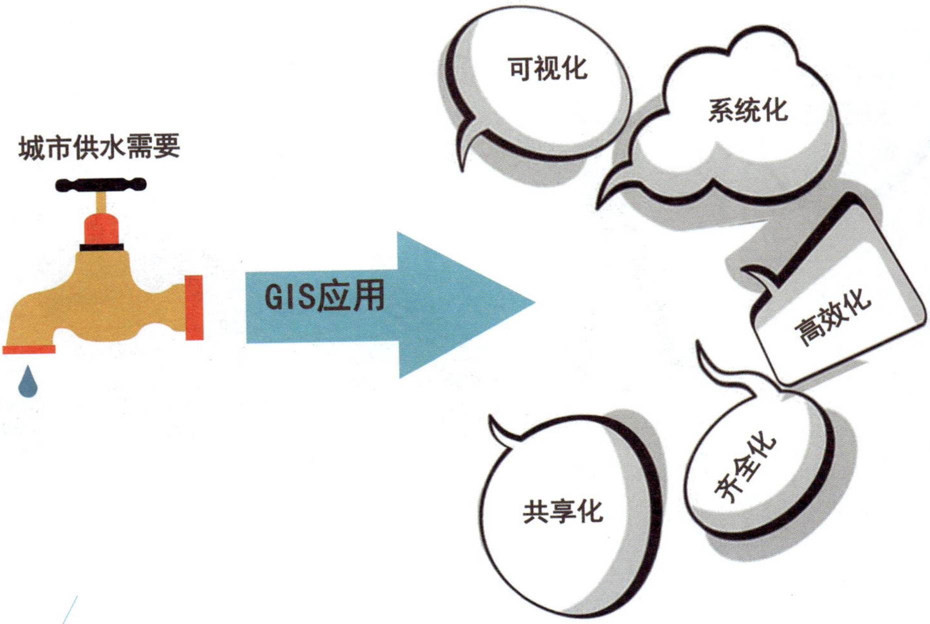

量，废弃烦琐的手工录入纸质现况图的工作模式，同时节省了50%的人员和80%的办公场地。借助空间地理信息系统强大的统计功能，提高管网统计工作的效率。在管网调度规划方面，利用管网简化功能可以在小比例尺范围更宏观地显示管网的分布。事故管理功能可迅速模拟爆管现场，并分析得出科学、准确的处理方案，缩短了事故处理时间，不但能有效减少耗水损失，而且更重要的是减少了事故引起的居民、企业和社会的损失。系统记录每次设施维修的情况，提出更换设施建议，减少事故发生频率。

空间地理信息与农情监测

农情是指农业生产的情况，农情监测是对农业资源、环境与农业生产过程的监测，重点对耕地、草地与海洋渔业资源、主要粮食与经济作物生长过程进行监测。农情监测意义重大，关系到国家粮食安全、主要农产品供给、社会安定与农业可持续发展。

在遥感技术未广泛使用之前，通常使用的方法是地面监测。遍布全国各地的农情监测站点，按照规范的要求，定期收集本地区农作物的播种面积、田间管理、作物长势、各种灾害及作物产量等信息，逐级上报。这种方法在时效上往往滞后，准确性受人的影响比较大。

目前，农情监测主要是用遥感的方法，为了弥补遥感的一些缺陷，往往会采用遥感加实地抽查的方法。农情监测的主要内容包括农作物长势监测、农作物种植面积估算、农作物单产及总产预测、农业灾害监测等。

农情监测的结果可以用来指导农业生产。如干旱监测的结果可以指导农业、水利部门组织力量及时采取措施；农作物长势监测的结果可以告诉农业生产者长势的情况，进一步利用其他方法找出长势差的原因，分别采用有效的方法处理，迈向精细农业；粮食的产量预估可以为政府部门提供参考。

此外，农情监测在金融市场也发挥着重要的作用。“你觉得农业生产中赚钱最多的是种粮食的农民吗？不是的，赚得最多的永远是华尔街那帮用内幕信息和大量资金挣得钱财的人。”这句话道出处于金字塔最底端的人的被动状态。期货，这是由华尔街制定游戏规则的金融游戏，如果相关一手信息仅被少数人群所掌控的话，那么游戏最终的赢家永远会是比别人早一步掌握消息的人。

这里面就有一个信息是非常重要的，那就是农作物的产量预估，只要有人比别人提前一步，哪怕就是提前 1 分钟，他就极有可能成为赢家。但是在以往，这样的农作物产量预估数据是很难通过公开渠道获得，因为无论是各国政府机构，还是具有监测能力的少数大商业机构都不主动对外公开这样的数据。目前，唯一发布数据的机构就是美国农业部，但只由一家机构发布数据很容易形成垄断，而且美国农业部发布的数据未必适合使用。

在武汉，有家民营企业做了个全球农情监测系统，他们要做的事就是获取卫星记录下的地面的空间地理数据，然后对这些数据进行挖掘，得到被农作物吸收的太阳光量。再把这些数据利用农作物估产算法进行分析和估算出今年大宗农作物的产量。据介绍，该系统在收获前 3 个月发布数据，精度优于 90%；收获前 2 个月发布数据，精度优于 95%。而且数据比美国政府及各国政府公布的时间要提前。这真可谓与美国农业部“抢先机”。

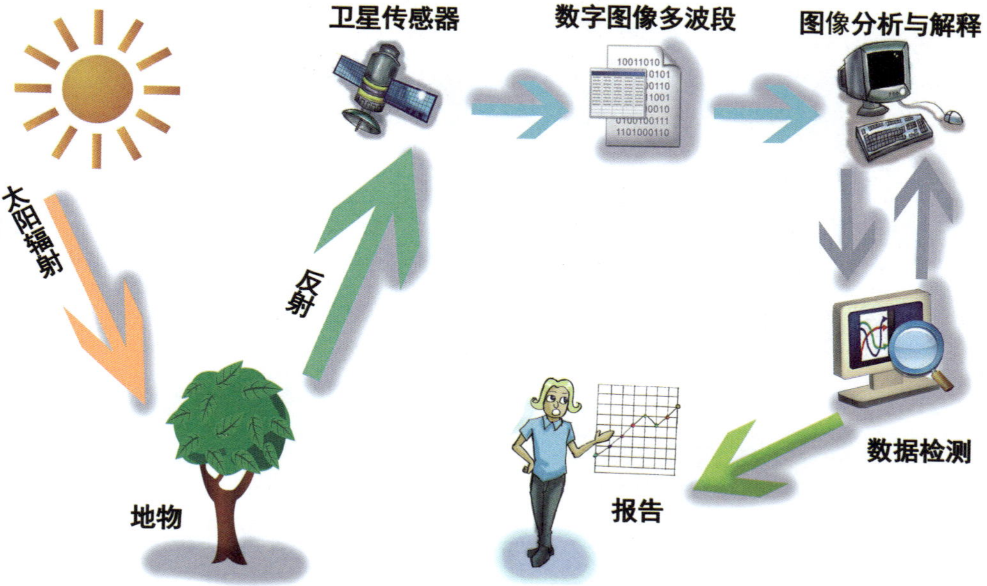

空间地理信息与银行业

银行与我们的生活十分密切，我们日常经常需要与银行打交道。银行的很多资产都具有空间地理属性，比如 ATM 机的分布、网点的分布等。GIS 作为一种空间地理信息管理技术，可以将看似分散的点集成到一张统一的地图上，用户可以根据不同的需求获取相关的信息，大大提升工作效率。主要应用如下：

（1）银行客服座席地理信息系统

银行客户服务系统需要面对各种各样的客户，回答不同的问题。虽然银行客服人员很专业，但如果涉及空间地理信息方面的咨询（如客户咨询在广州市天河区体育中心附近哪有ATM机)，就可能难以应对了。GIS就很容易解决这个问题。将银行的营业网点、分理处、ATM机、自助设备、客户等各种资源集成到GIS。银行客服就很容易回答类似的问题，而且还可以提供选择最优自驾车路径或公交换成解决方案。如果与短信平台连接，还可以将结果发送到客户的手机。

(2)银行设备及资产监控管理

我们有没有这样的经历，需要取钱的时候，发现ATM机出现大大的故障警告或者没钱了。传统的方法可能第二天才能发现，维修人员去处理又需要时间，故处理起来可能需1~2天。实际上，这些信息已经被银行的设备终端所记录，使用GIS可以实现设备使用状态主动通知，提高了工作效率。用户可以在电子地图上实时查询各个网点计算机、ATM、自助银行等服务终端的状态和交易状态。在发生突发事件的时候，设备会突出显示，方便银行及时进行资源调度，降低设备故障时间。

(3)银行网点选址优化分析

银行网点选址需要考虑的因素包括人口密集度、与其他银行网点的间距、交通便利度、商贸区域发达程度、经济效益等因素。利用GIS可以进行银行选址的区位研究，定量分析网点与区位因素之间的关系。GIS的空间分析技术可以进行缓冲区分析、重分类、叠加分析等操作和模拟，为银行网点选址提供决策支持。

(4)客户空间地理特征分析

银行掌握了大量客户的空间地理信息，将这些信息与电子地图结合起来，就可以分析银行网点的周围客户人群的层面、消费群体的性质。根据这些分析，结合相关的知识和分析，可以为银行提供客户的购买习惯和购买需求提供敏锐、精准的服务信息，进而为他们提供增值产品和服务。与各银行网点的忙闲程度结合，则可以正确引导客户，实现管理科学化，服务人性化。

（5）公众服务

公众通过登录网上银行或手机银行可以查询银行各网点的地理分布，最近网点的位置以及各网点提供服务的信息等。结合网点排队信息和实时展现平均等待时间，可以实现网点预约，了解从家到银行网点或 ATM 的开车路线、距离、所需时间等信息，甚至可以了解 ATM 机是否处于故障、非服务或是否缺钱等状态。

空间地理信息与物流配送

物流配送是另外一个离我们生活息息相关的行业，我们比较常接触的就是快递。实际上除了快递之外，我们的衣食住行都离不开庞大的物流配送网。物流配送行业可以说是在规定的时间内将指定的物品送到指定的地点，有些产品对配送时限要求特别高，比如日报的配送就要求上午就配送完毕、瓶装鲜奶可能要求在用户上班前就送达。物流配送的背后就是庞大的空间地理信息网络，物流配送企业越来越多地利用 GIS 来提高配送的效率。主要应用如下：

（1）成本分析

成本分析是对物流配送网络各个环节的经营状况、成本进行分析，主要是对路线及网点营业的状态分析。GIS 从空间地理的角度来对经营状况进行展示与分析，进一步挖掘经营信息，辅助决策。用户可以通过空间专题、区域地图等等来浏览相关信息。

（2）配送分析

在物流配送网络中流通传递的各种物品，如包裹、信件、商函、报刊、商品、实物等，有些物流配送企业可能需要层层汇总，再层层分发。这就会涉及分发投递顺序、成本、派送量、紧急度等派送路径规划问题及收件的需求。基于 GIS 进行配送及收件路线规划，可以把用户、仓库、网点机构、道路网等作为分析基础，结合派送模型，在电子地图上动态地进行可视化路线规划并可以进行仿真分析。

（3）配送车辆与配送人员的监控与调度

配送车辆上装有 GPS 终端，配送人员携带便携的 GPS 终端，这样就可以获取配送车辆与配送人员的当前位置。GIS 接收位置信息后，就可以把配送车辆或配送人员的历史行车轨迹、当前轨迹、当前位置存入空间数据库中进行管理及检索。

（4）选址规划

为了更好地服务客户，更加快捷地实现配送。物流配送企业需要考虑合理地规划仓库或网点。如电子商务企业需要考虑在哪里建设仓库，报社则需要考虑是否要在当地增加印刷点来减少运输，快递公司则需要考虑如何设置营业网点。GIS 选址分区分析是为了确定一个或多个待建设施的最佳或最优位置，使得设备、机构等可以用一种最经济有效的方式为需求方提供服务或者商品。选址分析不仅仅是一个选址过程，还要将需求点的需求分配到相应的新建设施的服务区中。

（5）公众查询

还记得几年前我们需要查询一封邮件是如何查询的吗?需要亲自拿着收据到邮局的柜台才能查询。现在，大多数的快递都可以通过手机、网络等方式查询到其状况，与电子地图结合，还可以直观地看到其配送的轨迹。

3 空间地理信息造福社会大众

智慧眼睛中的增强世界

智能眼镜这一新奇的科技发明是近期媒体关注的热点。智能眼镜是一种基于增强现实技术的头戴式装置，用眼镜取代智能手机的小屏幕，直接察看真实的环境，并使用自然语言来与互联网交互。让科技产品更好地为人们服务，在百忙之中仍然不错失生活的美好场景。

在未来，当我们戴上这样一款带着金属质感和商务典范的科技产品时，一个接受我们掌控的时代便开启了。只要轻轻摇动我们的脑袋，对着镜片的屏幕滑动我们的手指，藏在眼镜脚里的内存、摄像头、扬声器、麦克风、蓝牙和WiFi、陀螺仪、指南针等便可以按照我们想要的方式为我们服务。

通过眼镜前置的摄像头，用户可以从右眼上方的屏幕阅读所在地方的位置，拍摄周围环境的照片和视频。一个显示多个图标的菜单即可以出现在用户右眼上方的屏幕中，我们可以选择打电话、录像、拍照或者使用地图。

智能眼镜是人们忠实可靠的私人导游。当我们走进某一处历史景点的时候，只需要将焦点注视在镜片上，关于该处历史景点的信息便会叠加在景点上方并显示在眼镜的显示屏上，而当我们将注意力集中到景点本身时，叠加的信息又会自动变模糊，完全不会干扰到视线。

不用像传统智能手机那样从屏幕上阅读导航信息，眼镜会根据对周边信息的感知，将地图精确地叠加到我们的视野中，我们可以跟着地图走并随时阅读眼镜带来的关于每一个

地点的信息。比如，当走进一个地铁站时，智能眼镜会把地铁时刻表呈现在我们面前。当需要转弯时，眼镜还会语音提示我们在哪条街进行转弯。当然，实现这样的功能需要不断完善和更新空间地理信息的数据库。

陌生地方不用急，导航帮你忙

“当城市建设得越来越庞大，路痴与路盲不再是贬义词”这句话以前被很多城市人挂在嘴上。但随着通信应用的深化，这句话马上又将过时了，如今手机装上全球定位系统，不光能将车主带到目的地，还能用于公交换乘、自我定位、地点查询等。而在国外，定位系统还用于儿童和老人移动追踪，防止手机被盗，这些应用在3G时代表现得更加淋漓尽致。

王先生日前初次体验了手机导航业务，在支持导航功能的手机上输入出发地“番禺广场”，目的地“中信广场”，路线图不一会便下载到手机屏幕上，根据语音提示的在“前方

大约 300 米掉头后，本应一直向前行驶再拐入天河路，但车主“一不小心”拐入黄埔大道西，这一错误马上被导航系统发现了，语音提醒车主偏离路线后，马上重新确定路线引导车主顺利到达了中信广场。

儿行千里母担忧，儿童安全手环分忧愁

据不完全统计，我国每年的失踪儿童就有 20 万人，但能够找回来的大概只占到 0.1%。庞大的失踪儿童数字背后，是各自不同的家庭悲情故事。一个儿童的失踪给一个家庭带来的影响是相当沉痛的，甚至毁掉了一个家庭。

政府部门不断投入资源打击犯罪活动，社会各界也纷纷

建言献策。在这样的背景下，IT 厂商利用技术提出自己的解决方案，儿童安全手环便是其中的代表。

儿童安全手环具有三大功能：一是随时定位功能。手环内置了专业级 GPS 芯片，可随时确定孩子位置，只要家长在智能手机上安装一个软件，通过手机向手环发送命令，就能知道孩子的位置，并能查找孩子某段时间内的行动轨迹。二是安全区域预警功能。系统能够自动识别孩子佩戴手环期间常去的位置，一旦孩子的位置超出这些安全区域，系统就会自动向家长的手机发出报警，提示孩子可能面临危险，另外家长也能设置一些安全区域。三是建立通话连接功能。手环内置了 GSM 通话模块，能建立单向通话连接，家长可以随时拨通手环，通过听取孩子周围的声音了解孩子所处的位置，比如在幼儿园孩子是否和伙伴吵架，是不是在一个陌生的环境里等。另外，家长也能通过发送命令，录制一段 15 秒的

环境音，若孩子真遇到意外，录音功能可以辅助分析孩子的环境。

手环只是一种形式，这样的设备还可以镶嵌在鞋子、书包、衣服等物品中。未来技术的发展，还将会出现北斗定位的功能，可以更加全方位保障儿童的安全。同样的技术原理还可以应用到老人和残疾人的健康监控中。

摇一摇，和附近的人交朋友

不敢搭讪？将手机摇一摇，就能找到近在咫尺的美女；想进一步？用手机搜一搜，就能来段意想不到的艳遇；怦然心动？对手机摇一摇，就能如愿以偿地和她约会……

这些基于地理位置的移动社交工具正在逐渐侵入我们的婚姻和情感生活，他为人们提供了便捷的交流方式，充当着“爱情红娘”的角色。

很多年轻人的手机里都装有基于地理位置的移动社交工具，你可以通过它们认识周围任意范围内的陌生人，查看对方的个人信息和位置，免费发送短信、语音、照片及精准的地理位置。通过软件，你可以及时地将网络关系转换为真实关系，它们帮你拓展交际范围，让你发现身边志同道合的人。一些社交软件，因方便快捷深受年轻人的喜爱，从而得到广泛应用。

小知识：

基于地理位置的移动社交工具

不知不觉，基于地理位置的移动社交工具流行起来。从某种意义上讲，基于地理位置的移动社交工具成为连接虚拟世界与现实世界的桥梁。陌生人交友系统包括“摇一摇”“附近的人”等模式。

“摇一摇”的定位在于寻找有缘人，即同一时刻一起摇晃手机的用户，这一概念既让人充满好奇又极具噱头。

“附近的人”的定位在于寻找身边的人，用户可以通过操作界面浏览附近 1 000 米之内感兴趣的用户，并与之进行交流，这一模式实现了虚拟与现实的对接，虚拟中的好友不见面时远在天边，见面时近在眼前。

风雨飘摇中的“打车 APP”

打车难，很多在大城市生活的人都有这样的感慨，而出租车司机往往找不到乘客。怎样让合适的出租车找到合适的乘客？2013 年，有一个叫“打车 APP”的东西在神州大地风起云涌，掀起各种各样的波浪。这股浪潮延续到 2014 年，虽然热潮已退，但留给我们更多的思考，原来社会资源是可以如此高效的配置。

“打车 APP”的原理非常简单，与市民基本没有怎么听过的出租车电话召车服务类似。乘客在手机中点击“我要用车”，并发送一段语音说明具体的位置和要去的地方。用车信息会被传送给乘客附近的出租车司机中，司机可以在手机中一键抢单，并和乘客联系。

“打车 APP”一问世，就在城市公交行业掀起轩然大波，有人认为“打车 APP”的一些补贴做法有损公平竞争，有人

认为“打车 APP”最大限度匹配了社会的资源。有关部门则着力规范类似的应用，让科技更好地服务于大众。

多姿多彩的互联网地图服务

空间地理技术和互联网技术诞生后不久，互联网地图也日益发展起来，我国的互联网地图市场已经呈现百花齐放的态势。这些互联网地图功能都差不多，应用也类似，大都是通过地图轻松搜索到目的地，便捷地查询到出行路线等生活信息，除了提供公交、驾车、地铁和铁路路线查询之外，还提供如餐饮、购物、住宿、出游等分类搜索。这些数据以矢量、影像、三维三种模式全方位、多角度展现，可漫游、能缩放。

有些互联网地图网站包括招聘求职、搜房、餐饮、旅游资讯及预订，有些网站包括火车票预订、自驾线路查询等；还有围绕热点问题、社会重大事件的新地图产品，通过对各种相关网站的电子地图后台支撑及建设特色地图频道，使互联网地图得到更广泛的应用。

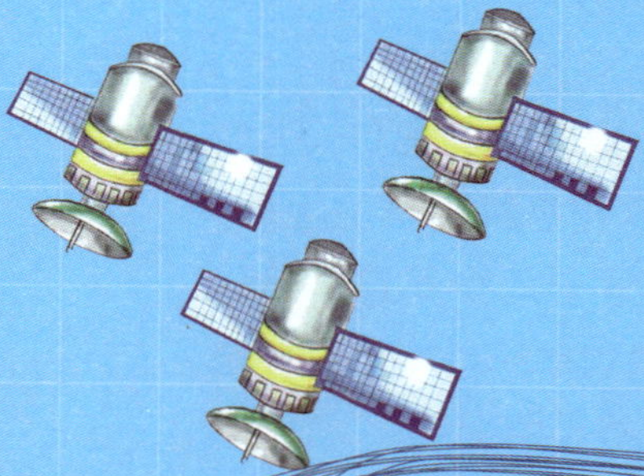

六　地理信息产业的发展

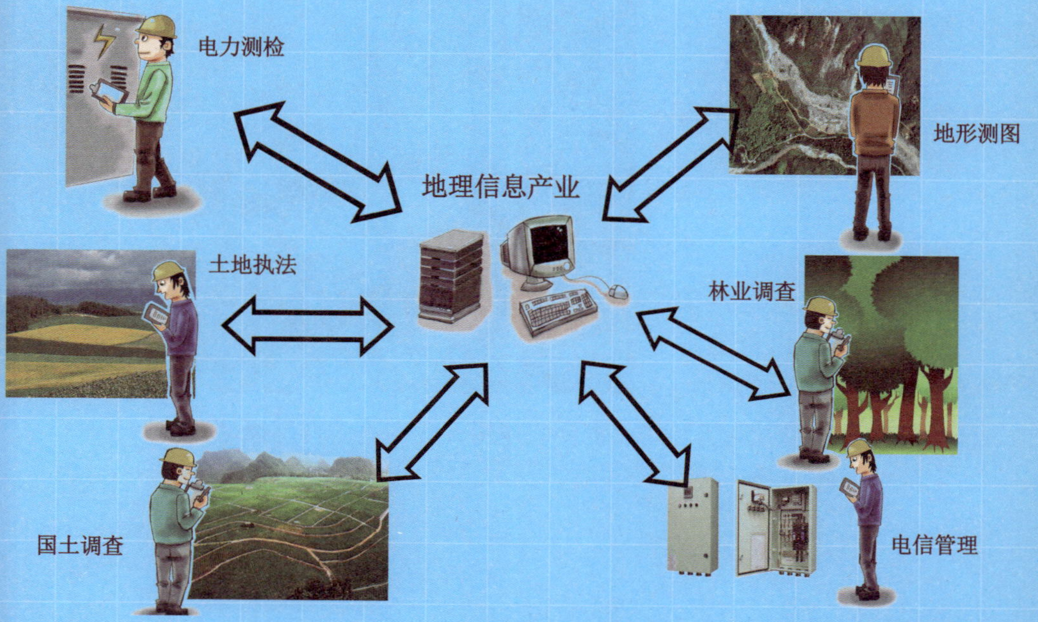

在信息高度发达的今天，我们可以很轻松地获取一张地图，更简单的方法是打开手机就可以获得各种各样的地图。但在 1936 年，万里长征中的红四方面军总司令部直属部队近万人行走在茫茫的草地上由于地标景观单一，加之没有地图的指引，茫茫草地动辄便会吞没红军战士的生命。

为了解决这个问题，1936 年 7 月 3 日至 8 月 11 日，红军测绘战士从四川甘孜县城出发后边走边绘制地图。受当时的条件所限，红军测绘战士绘制的地图是非常简陋的：没有比例尺，没有地名标注，没有道路指示。

虽然是简陋得不能再简陋的地图，但在当时却是弥足珍贵的。红军测绘战士及先行部队用自己的经验教训绘制了地图，依次传给后面的红军战士，才保证了这支近万人的部队以最小代价通过了草地。一张简陋的、不起眼的地图竟能起到如此重要的作用，我们不由得感慨地图的重要性。

地图的准确性与多样性需要地理信息产业作为支撑，在过去获取空间地理信息主要是靠国家的投入。随着经济与社会的发展，广大的群众对空间地理信息的需求激增。在这样的背景下，国家进行统一规划，分级管理，着重发展地理信息产业。2014 年 1 月 22 日，国务院办公厅发布了《关于促进地理信息产业发展的意见》。2014 年 1 月 30 日，国家测绘地理信息局组织了专题记者招待会说明解释。2014 年 3 月 6 日，国家测绘地理信息局印发《关于北斗卫星导航系统推广应用的若干意见》。这些意见将会对我国的地理信息产业的发展产生深远的影响，大大促进地理信息产业的发展。

1 地理信息是重要的基础性信息资源

信息资源

信息资源广泛存在于经济、社会各个领域和部门，是各种事物形态、内在规律和其他事物联系等各种条件、关系的反映。随着社会的不断发展，信息资源对国家和民族的发展，对人们工作、生活至关重要，成为国民经济和社会发展的重要战略资源。它的开发和利用是整个信息化体系的核心内容。如今，信息已经与能源、材料并列为当今世界的三大资源。

信息资源与自然资源、物质资源相比，具有几个不同特点：一是信息资源能够重复使用，其价值在使用中得到体现；二是信息资源的利用具有很强的目标导向，不同的信息在不同的用户中体现不同的价值，同一信息在不同的用户也可能体现不同的价值，甚至同一用户在不同的时期使用信息也会体现不同的价值；三是信息资源具有整合性，人们对其检索和利用，不受时间、空间、语言、地域和行业的制约；四是信息资源属于社会财富，任何人无权全部或永久买下信息的使用权，同时它是商品，可以被销售、贸易和交换；五是信息资源具有流动性。

延伸阅读

信息资源独有的特征

信息资源独有的特征：一是共享性，信息资源可以同时供多人使用；二是时效性，只有时机适宜，信息资源才能发挥效益；三是动态性，信息资源是一种动态资源，呈现方式不断丰富，具有不断增长的趋势；四是不可分性，信息资源在生产过程中是不可分的；五是不同一性，作为资源的信息必是完全不同一的；六是支配性，信息资源具有开发和支配其他资源的能力。

开发利用地理信息的意义

地理信息是重要的基础性信息资源，是国家信息资源的重要组成部分。开发利用地理信息，有利于促进国土空间布局优化，有利于促进工业化、信息化、城镇化、农业现代化同步推进，有利于推动经济社会科学发展。

党的十八大明确提出，优化国土空间开发格局。实际上，党的十七大报告中，就提到了国土开发格局的概念。2010 年国家发布的《全国主体功能区规划》进一步提到，推进形成人口、经济和资源环境相协调的国土空间开发格局。那国土

空间怎么优化呢？我们可以提出很多理论和思想，这些理论和思想有时候可以认为是人们对未来的美好期望，即是告诉我们要做成怎样。

地理信息是什么，实际上可以认为是我们的国情。全国那么大，究竟哪里适合种水稻、哪里适合盖工厂、哪里的水源要保护、环境保护与经济发展如何协调等。看起来问题很多，实际上可能我们对地理信息的收集不完善，相关的分析技术不够先进，对地理信息的开发利用程度比较低。

经济社会科学发展是我国现阶段的发展主题，开发地理信息是促进经济社会发展的方法之一。“一方水土养一方人”，地理标志产品的开发就可以带来明显的经济效益和社会效益。黄金周的景点人满为患，一方面说明假期的集中，另一方面也说明我们对旅游资源的开发不足，无法满足人们日益增长的生活水平需要。

延伸阅读

地理信息与新“四化”

工业化、信息化、城镇化、农业现代化既是我国社会主义现代化建设的战略任务，也是加快形成新的经济发展方式、促进我国经济持续健康发展的重要动力。党的十八大报告强调要“促进工业化、信息化、城镇化、农业现代化同步发展”，这是基于对“四化”的重要性、关联度和存在问题的科学分析做出的战略决策。

新的“四化”要求信息化和工业化需要深度融合、工业化和城镇化需要良性互动、城镇化和农业现代化需要相互协调，核心关键是“同步发展”。只有实现“同步发展”才能发挥最大的效果。

在这个过程中，地理信息的开发利用可以起到重要的作用。利用地理信息系统等技术，可以将工业化、信息化、城镇化、农业现代化统一显示在一张地图上；利用遥感技术，可以对比城镇、农村、工业的发展状况；开发利用地理信息，可以将原来孤立的事物关联在一起，跳出局部的空间，站在地球的上空来思考发展的问题。

2 地理信息关乎国家主权、安全和利益

国家主权、安全和利益

国家主权又称主权，指的是一个国家独立自主处理自己内外事务，管理自己国家的最高权力。主权是国家区别于其他社会集团的特殊属性，是国家的固有权利。它包括管辖权、独立权、自卫权、平等权等。

国家安全是国家的基本利益，是一个国家处于没有危险的客观状态，也就是国家没有外部的威胁和侵害也没有内部的混乱和疾患的客观状态。当代国家安全包括 10 个方面的基本内容：国民安全、领土安全、主权安全、政治安全、军事安全、经济安全、文化安全、科技安全、生态安全、信息

安全。其中最基本也是最核心的是国民安全。

国家利益是指一切能够满足国家生存发展等方面需要并且对国家具有好处的事物。当然，这种事物既可以是实体性的实物存在，也可以是过程性的事件存在；既可以是物质性的存在，也可以是精神性的存在；既可以是已经或正在满足国家需要的存在，也可以是能够满足国家需要的存在；既可以是现实的存在，也可以是潜在的存在。

国家版图

国家版图是一个国家行使主权的疆域，包括领土和享有一定主权权利的国家管辖海域。有时，国家版图也用来指反映国家疆域的地图。在我国古代，“版”是指登记户口和土地的簿册，“图”是指地图，“版图”即代表了户籍和地图，并逐渐变成国家疆域的代名词。

国家版图可以用地图、文字、图画、影像等多种形式来表达，其中地图是表达国家版图最常用、最主要的形式。在地图上可以形象直观地表示出国家的疆域范围及边界、各级行政区域、行政中心、主要城市等。

标示了国家版图的地图象征着国家主权和领土完整，体现了国家的主权意志和政治外交立场，还是国际政治和对外关系的重要工具与依据。因此，世界各国都十分重视本国版图在地图上的正确表示。如我国公开出版的《中华人民共和国政区图》在国界画法、政区划分等方面，完全反映了我国政府的主权和严正立场，所有出版的国内外地图都必须以此为依据。

地理信息是战略性资源

小故事 张松献图

三国时代，刘备借据荆州后，就有“夺取西川（今四川）为基，然后北图汉中，收取中原，匡正天朝”的打算。但他又顾虑西川道路崎岖，山川险阻，地形不熟，虽想进取

西川，一直未敢冒进。这时他得到一个消息：益州（今成都）别驾（官名）张松，带着一份西川地图要献给曹操。曹操不知张松是来献图，不但看不起张松还戏弄张松，因而地图没有献成。刘备听到这个消息后，就千方百计拉拢张松，以上宾招待，张松感动，就把地图献给了刘备。

这段历史故事告诉我们，地图在古代早已显示出它的重要作用了。军队打仗总是离不开地图的。有人把地图比作是“协同作战的共同语言”“行军的无声向导”“军队的眼睛”等。这些比喻生动、恰当地表明了地图在军队作战行动中的重要作用。那么地图在现代战争中的作用又如何呢？

现代战争，各军兵种协同作战，战场范围广阔，战争的突然性和破坏性增大，情况复杂多变，组织指挥复杂，对地图的依赖性更大，地图成了军队组织指挥作战必不可少的工具。经验证明，指挥员如能正确地利用地图，就能顺利地完成战斗任务，如不能正确地利用地图，就可能在战争中遭受挫折。现代地图和古代地图相比，已经大不相同，精度更高了，品种更多了，内容更丰富了，各兵种使用地形图也更广泛了。

地图如此重要，比地图的含义和内容更加广阔的地理信息就更加重要了。地理信息是战略性资源。近几年来，欧美各国利用其在卫星导航定位、高分辨率卫星遥感数据获取、数码摄像机、高端测量仪器、大型地理信息系统等方面的技术优势，在互联网影像服务、导航定位产品等领域抢占国际市场，企图控制战略制高点。从地理信息产业链来看，地理信息数据获取、处理和服务都在全球范围内进行。卫星遥感数据和导航定位数据的获取已超越国界，任何一个国家和地区发射的遥感和导航卫星可以获取全世界所有国家的影像和位置数据，并向全球各国提供相关服务。在和平时代，我们国家同样可以通过进口的数据获得这些服务，但美国政府制定了相关的法律，禁止对外出售一定精度的卫星数据。而且，一旦爆发真正的战争，就有可能出现敌方拥有更加高精度地图的情况。防患于未然，我国也必须加快开发地理信息。

涉密地理信息的监管

地理信息是重要的战略性信息资源，关系到国家主权、安全和利益，在维护政治、经济、军事、科技和其他非传统领域国家安全中发挥着重要作用。因此，发展地理信息产业必须在保障国家地理信息安全的前提下进行。为此，我国提出了“坚持规范监管与广泛应用相结合”的原则，要求加强安全监管，在维护国家安全的前提下，积极推进地理信息公共服务平台建设，促进地理信息高效、广泛利用。同时，还提出了分类指导的要求，即对于具有战略性或关系国家安全的领域，坚持以国家投资为主，通过建立健全的法律法规体系妥善处理好地理信息保密与开放的关系；对于市场化程度高的重点发展领域，以社会投资为主，政府通过多种方式给予政策、资金扶持；对于地理信息社会化服务，主要由企业提供，政府给予合理引导和支持，基础地理信息实行免费或低收费政策。

3 地理信息产业是战略性新兴产业

什么是地理信息产业

“地理信息”这个名词与其他科技名词一样，其名称和定义有多种多样的描述，就名称而言就有空间地理信息、地理空间信息、地球空间信息等的说法。地理信息产业也是如此，除了名称之外，其内涵也不断在变化，这也是成长性产业的主要特点之一。

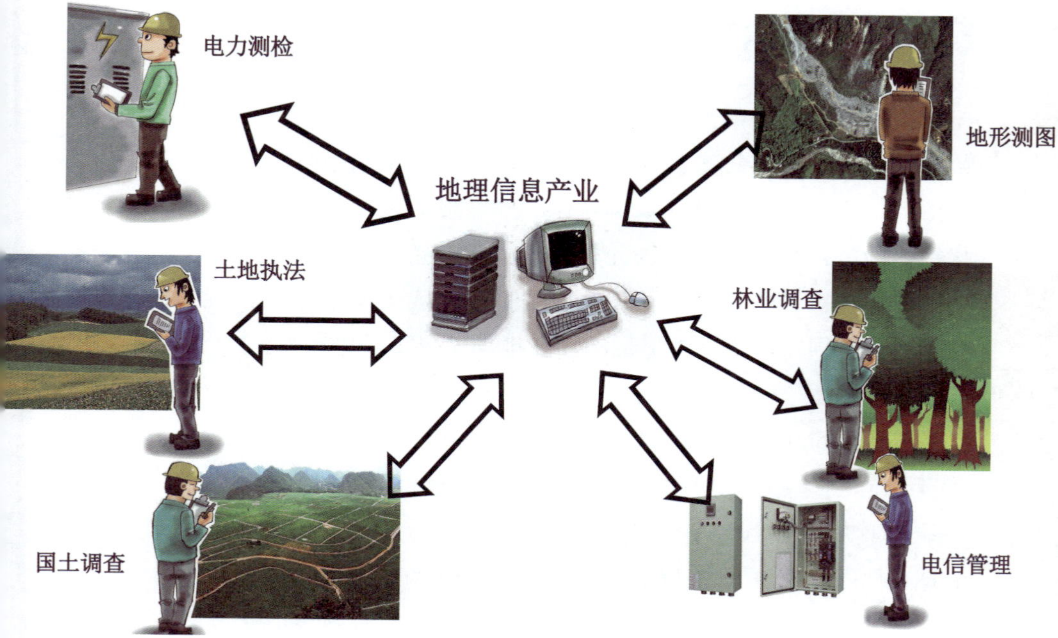

国务院办公厅以国办发〔2014〕2 号印发《关于促进地理信息产业发展的意见》的开篇就明确地阐述了地理信息产业的定义，明确地理信息产业属于战略性新兴产业。这个定义说明了地理信息产业的丰富内容：一是说明地理信息产业的技术基础，包括现代测绘技术、地理信息系统、遥感、卫星导航定位等四个领域。二是明确了产业的核心，即地理信息产业都是围绕地理信息开发利用而开展的，包括相应的硬件生产、软件开发等活动。三是提出了地理信息产业链的概念，地理信息获取是上游、地理信息处理是中游、地理信息应用是下游。四是界定了产业的属性，即地理信息产业是高技术服务业，也是战略性新兴产业之一。

国际地理信息产业发展概况

以美国为代表的西方发达国家基本建成基于现代信息技术、航空航天遥感技术、卫星定位技术的信息化测绘生产服务体系，地理信息数据获取实时化、处理自动化、服务网络化等方面的水平处于世界领先地位。领先的技术优势，加上西方发达国家的人才优势、资本优势等，形成了以西方发达国家垄断世界市场为基本特征的全球地理信息市场格局。

据统计，美国 ESRI 公司占全球 GIS 软件市场份额的 30%，Intergraph 公司占 16%。全球测绘仪器市场主要集中在 Trimble、Leica、Thales、Nov Atel、Javad、Topcon 等公司，其中 Trimble 占有国际高端市场 40% 以上的份额。全球 GPS 芯片生产主要集中在 SiRF，Garmin，Motorola、Sony、UBox、Atmel 等企业，其中 SiRF 市场份额最大。全球导航电子地图市场高度集中在美国的 NAVTEQ、荷兰的

Tele Atlas 和日本的 Zenrin、ToyotaMap Master、IPC 五家公司，他们垄断了全球 95% 左右的市场份额。全球网络地图服务市场，Google 独占鳌头。卫星导航设备生产市场以 TomTom、Garmin、Mio 三大品牌为主，其中 TomTom 为全球第一大便携式导航品牌，在欧洲市场占领近 50% 的市场份额，在美国市场也有近 25% 的市场份额，Garmin 占 33% 的市场份额。

小档案：

商用卫星数据

目前世界上的主要商用卫星数据来源主要集中在欧美。如美国 Digital Globe 公司提供 Quickbird 和 World View 卫星数据服务，Geo Eye 公司提供 Geo Eye 和 IKONOS 卫星数据服务，法国 SPOT 卫星数据服务。

我国的地理信息产业发展概况

中国市场经济体系经历了一个从初步建立到逐步成熟的过程。经过30多年的改革开放，市场机制已经基本上替代计划体制成为中国资源配置的主要机制。测绘是经济社会发展和国防建设的基础性工作，事关国家的主权、安全和利益；测绘成果和产品广泛应用于经济社会发展和国防建设的各个领域。

测绘地理信息工作的性质和内涵决定了我国地理信息产业发展是一个比较曲折的过程。在20世纪90年代之前，我国测绘地理信息的发展注重于为政府管理和国家安全提供服务，市场在测绘地理信息资源配置中没能发挥基础性作用，发展缓慢。20世纪末，我国社会主义市场经济体制不断完善，卫星遥感、卫星定位和地理信息系统等技术应用不断业务化，在国民经济和社会发展各领域中应用不断深入，并加速向人民群众的日常生活渗透。国家先后出台了促进地理信息产业发展的政策，形成了一系列促进我国地理信息产业发展的具体思路和措施，地理信息产业快速发展的条件基本具备。

经过20多年的发展，地理信息产业从业单位已近2万家，产值近1 000亿元人民币。“十一五”期间年均增长率超过25%。“十二五”末产值预计可达2 000亿元，这表明我国地理信息产业正处于快速成长阶段。从区域发展情况看，地理信息产业已遍布全国31个省、自治区、直辖市和港澳台地区。其中，北京、上海、广州、武汉是我国地理信息产业发展较好的城市。

我国已经形成了从大型基础平台软件到各类应用软件的

全系列地理信息系统软件产品，在国土资源管理、城市管理、电信资源管理、森林防火管理、电力资源管理、煤炭矿井测量与安全生产管理、水土保持管理等多个应用领域发挥了主力军的作用；国产车载导航定位软件质量优异，已经在国内市场中占据了相当的份额；遥感软件也在努力向市场化方向前进，取得了可喜成果；我国的北斗卫星定位系统正在加快建设，区域定位服务已经对外开放，市场化的探索正在进行中。

我国的地理信息产业虽然在快速成长，但面临着各种困难和挑战。为了促进地理信息产业的发展，国家提出了五个重点发展领域。针对当前我国地理信息产业发展的薄弱环节，提出要提升遥感数据获取和处理能力，振兴地理信息装备制造，突破地理信息产业上游发展瓶颈。针对地理信息产业发展的核心技术，提出要提高地理信息软件研发和产业化水平，大力发展地理信息与导航定位的融合服务，提升位置服务能力，培育新的经济增长点。针对地理信息产业发展的关键环节，从面向政府管理决策、企业生产运营、人民群众生活的角度，提出要促进地理信息深层次应用，大力繁荣地图市场，发展地理信息文化创意产业，培育大众地理信息消费市场。

地理信息产业在广州

据统计，注册地在广州的甲级资质的测绘单位有 24 家，具有互联网地图服务测绘资质单位有 20 家，预计 2014 年广州的地理信息产业产值可达到 80 亿，市场增长率超过 30%。

2012 年，广州地理信息产业园落户天河智慧城。该园总占地面积约300公顷，项目总投资约138亿元人民币。该园规划在5年内引进各类地理信息企业100家以上，实现年销售收入300亿元、年利税30亿元，从业人员2万以上。

广州在地理信息产业方面具有良好的发展基础，从事地理信息产业的企业具有竞争优势，涌现出一大批优秀的企业，如南方测绘、中海达、星唯科技、数字政通、苍穹数码等。

南方测绘于1989年4月成立于广州，创业之初只有“两个人、半间房、十五万元”，历经发展已经成为一家集研发、制造、销售和技术服务为一体的专业测绘仪器、地理信息产业集团。南方测绘专注测绘地理信息行业，以振兴民族产业为己任，坚持自主创新，陆续实现测距仪、电子经纬仪、全站仪、GPS、CORS等一系列测绘仪器的国产化，取得了一系列拥有自主知识产权的技术成果。目前南方测绘全面进军地理信息产业，专业提供面向数据、面向数字城市的行业信息化综合解决方案，以“数据－系统－服务”为核心，提升地理信息价值。南方测绘致力于推动中国测绘地理信息产业的发展，努力成为世界级的测量仪器和地理信息产业供应商。

中海达成立于1999年，始终专注测绘与地理信息领域，长期致力于GNSS核心技术研发，积累了大量的自主知识产权和软件著作权，是国家高新技术企业和优秀软件企业，多年来一直以前瞻的技术引领着整个行业的革新和发展。公司设有业内唯一的企业博士后工作站，与中科院水声研究所、武汉大学、西南交通大学、中南大学等科研院所建立联合实验室等研发机构。公司的双频GPS接收测量技术、高精度GIS数据采集处理技术、超声波测深测量技术等被评定为“国内领先，国际先进水平”。中海达拥有“GNSS产品、GIS产品、海洋产品、系统工程”四大核心业务，成长为国内 GNSS 龙头企业。该公司于 2011 年 2 月 15 日在深圳创业板上市，是国内测绘地理信息技术装备领域第一家上市企业。公司上市后，积极拓展光电产品、三维激光、精细农业、特种车辆及船舶导航与监控、机械精密控制等新兴产业领域。